AURIEZ-VOUS EU VOTRE CERTIFICAT D'ÉTUDES EN 1923 ?

130 EXERCICES TIRÉS DES OUVRAGES LAROUSSE
DE PRÉPARATION AU CERTIFICAT D'ÉTUDES DE 1923.

Épreuves de français, d'arithmétique et de culture générale

21, rue du Montparnasse 75283 Paris Cedex 06

Direction de la publication
Carine Girac-Marinier

Direction éditoriale
Jacques Florent

Édition
Antoine Caron

Direction artistique
Uli Meindl

Conception graphique
Sophie Rivoire

Mise en pages
Typo-Virgule

Lecture-correction
Tristan Grellet

Fabrication
Marlène Delbeken

Illustrations
Archives Larousse

© Éditions Larousse 2013

Toute reproduction ou représentation intégrale ou partielle, par quelque procédé que ce soit, du texte et/ou de la nomenclature contenus dans le présent ouvrage, et qui sont la propriété de l'Éditeur, est strictement interdite.

ISBN 978-2-03-588841-9

Préface

Le certificat d'études primaires a donné des sueurs froides à des générations d'enfants de 1866 à 1989. Le diplôme attestait des connaissances acquises par l'élève de 11 à 13 ans au terme de l'enseignement primaire obligatoire. Sorte de championnat de France de l'éducation, l'examen était très sélectif et, au début du XXe siècle, seulement 30 % des candidats décrochaient leur diplôme. L'élite pouvait alors prétendre au Saint-Graal : embrasser une carrière dans la fonction publique !

Si la nature de l'examen a évolué avec le temps, l'orthographe a toujours fait office de pierre angulaire, la dictée étant l'exercice le plus traumatisant : plus de 10 fautes et vous voilà directement recalé ! Les épreuves écrites et orales s'enchaînaient dans des disciplines très variées : questions de compréhension, grammaire, style, calcul mental, résolution de problèmes, morale, histoire-géographie, sciences, chant, récitation, dessin, travaux manuels, couture... avec des épreuves adaptées aux filles (enseignement ménager) et aux garçons (enseignement agricole).

Retrouvez l'univers du certificat d'études grâce à ces jeux issus des manuels Larousse de préparation à l'examen publiés en 1923 (dictées et problèmes d'arithmétique). Creusez-vous les méninges, faites appel à de vieux souvenirs, et évaluez-vous grâce aux corrigés détaillés qui s'inspirent des barèmes de l'époque.

L'Éditeur

PRÉPARATION DE L'ÉPREUVE DE FRANÇAIS N° 1

(10 POINTS) **1. DICTÉE**
RETROUVEZ LES 10 FAUTES QUI SE SONT GLISSÉES DANS CE TEXTE

Matinée d'automne

On partis par un beau matin de la fin d'octobre, dans un brouilla[rd] léger qui semblait s'élever à chaque pas, monter ainsi qu'une gaze e[n] découvrant un paysage admirable.

Sur les champs moissonnés, sur les javelles dorés, sur les plantes maigre[s] de longs fils soyeux et blancs flottaient, s'attachaient, trainaient comm[e] des parcelles du brouillard remontant. Cela faisait une nape d'argent to[ut] le long de ces plates étendues que l'automne emprunt de tant de grande[ur] et de solanité. La rivière coulait en bas du grand chemin. La fraîcheu[r] la légèreté de l'air aidait à la bonne humeur des voyageurs secoués s[ur] les rudes banquettes, les pieds dans la paille et se retenant des deu[x] mains aux côtés de la cariole. Une des filles du fermier conduisait u[n] petit âne gris et têtu qui secouait ses longues oreilles, harcelés par le[s] guêpes très nombreuses à cette époque de l'année où la récolte des frui[ts] éparpille dans l'air ses doux parfums.

Alphonse DAUDET, Jac[

(5 POINTS) **2. QUESTIONS**
1) Qu'est-ce qu'une *gaze* ? ....
2) Qu'est-ce qu'une *javelle* ? ....
3) Pourquoi les guêpes étaient-elles nombreuses ? ....
4) Conjuguez le verbe *empreindre* à la première personne du pluriel du présent de l'indicatif. ....
5) Conjuguez le verbe *conduire* à la deuxième personne du singulier du subjonctif imparfait. ....

PRÉPARATION DE L'ÉPREUVE D'ARITHMÉTIQUE N° 1

(10 points)

3. RENDEZ-VOUS FERROVIAIRE

La distance entre Paris et Lyon est de 512 km. Un train part de Paris à 20 h avec une vitesse de 48 km par heure et un autre de Lyon à 21 h 45 min avec une vitesse de 32 km par heure. On demande à quelle heure et à quelle distance des points extrêmes les trains se rencontreront.

(5 points)

4. HORAIRES DE TRAVAIL

Un ouvrier commence sa journée à 6 h $\frac{1}{2}$ et la termine à 17 h après avoir pris deux repos, l'un de 1 h $\frac{1}{4}$, l'autre de 30 min. Combien gagne-t-il par jour à raison de 3,60 f l'heure ?

(5 points)

5. ENGRENAGES

Quatre roues s'engrènent successivement et chacune n'a que $\frac{2}{3}$ du nombre de dents de la roue qui la précède. La plus grande roue a 162 dents. Combien la petite en a-t-elle ?

PRÉPARATION DE L'ÉPREUVE DE FRANÇAIS N° 2

(10 POINTS) **1. DICTÉE**
RETROUVEZ LES 10 FAUTES QUI SE SONT GLISSÉES DANS CE TEXTE.

Conseils d'un grand-père

Mes chers enfants, vous êtes petits, vous êtes gai, vous jouez, c'est l'âge heureux. Eh bien, voulez-vous — je ne dit pas être toujours heureux, vous verez plus tard que ce n'est pas toujours facile — mais voulez-vous n'être jamais malheureux ? Il ne faut pour cela que deux choses : aimez et travaillez.

Oui, mes enfants, aimez bien qui vous aime ; aimez aujourd'hui vos parents, votre mère, qui vous aprendra doucement à aimer votre patrie, à aimer la France, notre mère à tous.

Et puis travailler. Pour le présent, vous travaillez à vous instruire, à devenir des hommes ; quand vous avez bien travaillé et que vous avez contentés vos maitres, est-ce que vous n'êtes pas plus léger, plus dispo ? Est-ce que vous ne jouez pas avec plus d'en train ? C'est toujours ainsi travaillez et vous aurez la conscience satisfaite. Quand la conscience est satisfaite et que le cœur est content, on ne peut pas être entièrement malheureux.

Victor HUGO

(5 POINTS) **2. FIGURES DE STYLE**
TROUVEZ LES NOMS PROPRES CORRESPONDANT AUX PÉRIPHRASES :

La ville éternelle •   • Bossuet

L'empire des lis •   • les Romains

L'aigle de Meaux •   • Rome

Le père de l'histoire •   • la France

Le peuple-roi •   • Hérodote

PRÉPARATION DE L'ÉPREUVE D'ARITHMÉTIQUE N° 2

(5 POINTS)   **3. QUE D'EAU ! QUE D'EAU !**

Un réservoir, plein d'eau, a 2,4 m de longueur, 1,5 m de largeur et 1,2 m de profondeur. On y remplit 3 fois par jour, pour l'arrosage, un tonneau d'une contenance de 225 l. Combien reste-t-il de litres d'eau dans ce réservoir au bout de 5 jours ?

....
....
....
....

(10 POINTS)   **4. LA ROUE TOURNE**

Les roues arrière d'une voiture ont 0,70 m de rayon. Elles ont fait, sur 3 960 m, 100 tours de moins que les roues avant. Calculez le rayon de celles-ci ($\pi = \frac{22}{7}$).

....
....
....
....

(5 POINTS)   **5. SURFACE CULTIVABLE**

Un jardin a 40 m de long et 28 m de large. On trace tout autour une allée de 1 m de large et, dans le terrain restant, deux allées en croix de 1,20 m de large, l'une suivant la longueur et l'autre dans le sens de la largeur. Quelle est la surface qu'il reste à cultiver ?

....
....
....
....

PRÉPARATION DE L'ÉPREUVE DE FRANÇAIS N° 3

(10 POINTS) **1. DICTÉE À CONJUGUER**
CONJUGUEZ LES VERBES ENTRE PARENTHÈSES
À L'IMPARFAIT DE L'INDICATIF.

Le grillon

Chez ma grand-mère, je *(faire)* .... mon bureau d'une armoire qui *(s'ouvrir)* .... en manière de secrétaire et qu'un cri-cri, que l'habitude de me voir avait apprivoisé, occupa longtemps avec moi. Il y *(vivre)* .... de mes pains à cacheter que j'avais soin de choisir blancs, dans la crainte qu'il ne s'empoisonnât. Il venait manger sur mon papier pendant que j'*(écrire)* .... ; après quoi il allait chanter dans certain tiroir de prédilection. Quelquefois, il marchait sur mon écriture, et j'*(être)* .... obligée de le chasser pour qu'il ne s'avisât pas de goûter à l'encre fraîche. Un soir, ne l'entendant plus remuer et ne le voyant pas venir, je le cherchai partout. Je ne trouvai de mon ami que les deux pattes de derrière entre la croisée et la boiserie.

George SAND, *Histoire de ma vie*

(5 POINTS) **2. QUESTIONS**

1) Remplacer l'expression *en manière de* par une autre plus courante.

....

2) Dans ce contexte, qu'est-ce qu'un *secrétaire* ? ....

....

3) Le mot *cri-cri* est-il une anacoluthe ? un oxymore ? une onomatopée ?

....

4) Qu'est-ce qu'un *pain à cacheter* ? ....

5) Conjuguer le verbe *venir* à la première personne du singulier
   du futur simple. ....

PRÉPARATION DE L'ÉPREUVE D'ARITHMÉTIQUE N° 3

(10 POINTS)

3. LE JUSTE PRIX

On achète pour 96 f une pièce de calicot de 12 m avec laquelle on veut faire des chemises. On en a fait 3, tout d'abord, pour lesquelles on a employé 8,70 m de calicot. On a donné à l'ouvrière 26,25 f pour la façon. Combien devra-t-on vendre la douzaine de chemises faites ainsi pour gagner 8,75 f par chemise ?

(5 POINTS)

4. FRACTIONS EN SÉRIE

Prendre les $\frac{3}{8}$ de $\frac{5}{9}$, les $\frac{7}{11}$ de $\frac{3}{4}$, les $\frac{3}{20}$ de $\frac{2}{3}$.

(5 POINTS)

5. VACHES À LAIT

On suppose qu'une vache donne chaque jour 10 l de lait, que ce lait contient, en moyenne, 15 cl de crème par litre, et que 1 l de crème donne 0,350 kg de beurre. Quelle masse de beurre peuvent donner 8 vaches pendant une semaine ?

PRÉPARATION DE L'ÉPREUVE DE FRANÇAIS N° 4

(10 POINTS) **1. DICTÉE**

RETROUVEZ LES 10 FAUTES QUI SE SONT GLISSÉES DANS CE TEXTE.

La côte bretonne

Montez le long des pics élevés, jetez-vous dans un de ces sentiers encaissé au flan du côteau et que borde des deux côtés les genêts qui balancent leurs courones d'or à cinq pieds au dessus de votre front ; marchez sans écarter le ridau de verdure qui se trouve devant vous, puis tout à coup, quand vous aurez cessé de monter, levez les yeux ! La mer sera à vos pieds ; la mer murmurante, mélancolique, encadrée d'une bordure de montagnes lointaines !

Là, vous pourrez passer des heures, des journées, des mois entiers, sans entendre d'autre bruit que la vague ou le cri de l'oiseau marin, sans voir autre chose que le soleil se levant et se couchant sur les flots, ou parfois une voile razant la mer à l'horison, comme un goéland égaré. Rien au monde ne peut rendre la majestueuse tristesse d'un pareil spectacle.

E. SOUVESTRE, *En Bretagne*

(5 POINTS) **2. FIGURES DE STYLE**

RETROUVEZ LES TERMES DE CES COMPARAISONS.

Pauvre comme • • Artaban

Fier comme • • Nestor

Avare et sot comme • • Socrate

Sage comme • • Job

Vertueux comme • • Midas

PRÉPARATION DE L'ÉPREUVE D'ARITHMÉTIQUE N° 4

(10 POINTS)

3. FUMER LE BLÉ

Un champ qui a la forme d'un trapèze a les dimensions suivantes : petite base, 120 m ; grande base, 170 m ; hauteur 72 m. On demande combien coûtera le nitrate de soude nécessaire à la fumure du blé, sachant qu'il faut 150 kg de nitrate à l'hectare et que cet engrais coûte 125 f les 100 kg.

(5 POINTS)

4. HECTOLITRES ET COMPAGNIE

Effectuer l'addition suivante : 375 hl 3 L + 75 dal + 2 cl + 39 L 8 dl

(5 POINTS)

5. À LA BONNE HEURE

Une montre avance de 3 min par heure. On la met exactement à l'heure à midi. Quelle heure marquera-t-elle lorsqu'il sera exactement 18 h 20 min ?

PRÉPARATION DE L'ÉPREUVE DE CULTURE GÉNÉRALE N° 5

(5 POINTS) **1. HISTOIRE**

1) En quelle année cette scène se déroule-t-elle ? ....

2) Où est Vercingétorix ? ....

3) Où est César ? ....

4) Quels soldats voit-on ? ....

5) Quelle est la ville que l'on aperçoit au loin, à gauche ? ....

(5 POINTS) **2. GÉOGRAPHIE**

Attention, ce questionnaire a été adapté à vos connaissances actuelles.

RETROUVEZ LES CHEFS-LIEUX DE CES DÉPARTEMENTS :

1) Haute-Savoie ; chef-lieu : ....

2) Loire ; chef-lieu : ....

3) Oise ; chef-lieu : ....

4) Côte-d'Or ; chef-lieu : ....

5) Aude ; chef-lieu : ....

(3 POINTS) **3. DESSIN**

DESSINEZ UNE FEUILLE DE CHÊNE.

(4 points) **4. SCIENCES**

Mettons un fragment de craie dans un verre et versons un peu d'eau. Quelques gouttes d'acide chlorhydrique suffisent pour provoquer un dégagement de gaz. Approchons de la surface du liquide une allumette enflammée : elle s'éteint. Présentons un papier imbibé de teinture bleue de tournesol : le papier rougit. Inclinons un verre humecté d'eau de chaux : les gouttelettes prennent une teinte laiteuse.

1) Quel est le gaz produit par la réaction ? ....
....

2) Il se produit la même réaction si on renouvelle l'expérience avec du marbre ou du calcaire. Quel nom général donne-t-on à ces roches ?
....

(5 points) **5. MUSIQUE**

NOMMEZ LES NOTES DÉSIGNÉES PAR UN TRAIT ROUGE.

(2 points) **6. ENSEIGNEMENT MÉNAGER (épreuve de filles)**

Comment prépare-t-on les œufs à la coque ?
....
....

(2 points) **7. ENSEIGNEMENT AGRICOLE (épreuve de garçons)**

Que pulvérise-t-on sur les vignes pour prévenir les attaques du mildiou ?
....
....

PRÉPARATION DE L'ÉPREUVE DE FRANÇAIS N° 6

(10 POINTS) **1. DICTÉE**

RETROUVEZ LES **10** FAUTES QUI SE SONT GLISSÉES DANS CE TEXTE.

Vie intime du poète

L'heure du chant pour moi, c'est la fin de l'automne. À ce moment de l'année, je me lève bien avant le jour. Cinq heures du matin n'ont pas encore sonnées à l'horloge du clocher que j'ai quitté mon lit, rallumée ma lampe de cuivre et mis le feu au sarment de vigne qui doit me réchauffé dans cette petite tour voûtée, muette et isolée, qui ressemble à une chambre scépulcrale habitée encore par l'activité de la vie. J'ouvre ma fenêtre, je fait quelques pas sur le plancher vermoulus de mon balcon de bois ; je regarde le ciel et les noires dentelures de la montagne qui noit leurs cîmes dans un lourd océan de brouillards. Quand il y a du vent, je vois courrir les nuages sur les dernières étoiles qui brillent et disparaissent tour à tour comme des perles de l'abîme que la vague recouvre et découvre dans ses ondulations.

LAMARTINE, Recueillements poétiques

(5 POINTS) **2. QUESTIONS**

1) Qu'est-ce qu'un *plancher vermoulu* ? ....

2) Qu'est-ce qu'une *chambre sépulcrale* ? ....

3) Donnez 3 mots de la même famille que *dentelure*.

4) Dans la dernière phrase, *Quand il y a du vent... dans ses ondulations*, quelle est la proposition principale ? ....

5) De quel type est la proposition *Quand il y a du vent* ? ....

PRÉPARATION DE L'ÉPREUVE D'ARITHMÉTIQUE N° 6

(5 POINTS) **3. CHIFFRES ROMAINS**

TRADUIRE LES CHIFFRES ROMAINS SUIVANTS EN CHIFFRES ARABES.

a) LXVIII
b) XCVI
c) CDXLIX
d) MDCCCXIV
e) MCMXXVIII

(10 POINTS) **4. L'HÉRITAGE**

Un vieillard laisse en mourant sa fortune à 3 neveux. Le 1er doit recevoir le $\frac{1}{4}$, le second en recevra le $\frac{1}{5}$, le dernier recevra le reste, mais il devra donner la moitié de sa part à l'hôpital. L'hôpital recevant 11 000 f, trouver la fortune du vieillard et la part de chacun de ses neveux.

(5 POINTS) **5. TAUX D'INTÉRÊT**

Quelle somme avait-on prêtée à une personne qui se libère, au bout d'un an, du capital emprunté et des intérêts à 6 % en donnant 3 816 f ? Si le taux avait été de 8 %, combien cette personne aurait-elle dû donner ?

PRÉPARATION DE L'ÉPREUVE DE FRANÇAIS N° 7

(10 POINTS) **1. DICTÉE À PONCTUER**
Dans cette dictée sans fautes, 10 ponctuations ont été effacées. Retrouvez-les.

La vache

Pour le naturaliste la vache est un animal ruminant pour le promeneur c'est une bête qui fait bien dans le paysage lorsqu'elle lève au-dessus des herbes son mufle noir humide de rosée pour l'enfant des villes, c'est la source du café au lait et du fromage à la crème mais pour le paysan c'est bien plus et bien mieux encore Si pauvre qu'il puisse être et si nombreuse que soit sa famille, il est assuré de ne pas souffrir de la faim tant qu'il a une vache dans son étable.

Avec une longe nouée autour des cornes, un enfant promène la vache le long des chemins herbus là où la pâture n'appartient à personne, et le soir la famille entière a du beurre dans sa soupe et du lait pour mouiller ses pommes de terre ; le père, la mère, les enfants, les grands comme les petits, tout le monde vit de la vache.

Hector MALOT, Sans famille

(5 POINTS) **2. VOCABULAIRE**
Retrouvez les mots qui correspondent aux définitions.

Qui est situé au-delà des Alpes •   • olographe
Qui est situé en deçà des Alpes •   • diapré
Testament écrit de la main même du testateur •   • grasseyer
Avant-dernière syllabe d'un mot •   • cisalpin
Varié, qui est de plusieurs couleurs •   • pénultième
Concis, à la manière des Lacédémoniens •   • transalpin
Celui qui hait l'espèce humaine •   • sybarite
Qui mène une vie molle et voluptueuse •   • piaffer
Prononcer la lettre r du fond de la gorge •   • laconique
Frapper la terre avec le pied, pour le cheval •   • misanthrope

PRÉPARATION DE L'ÉPREUVE D'ARITHMÉTIQUE N° 7

(5 points)

3. PROBLÈME EN OR

Un bijou en or, au titre de 0,920, pèse 100 g. Quelle en est sa valeur sachant que 1 kg d'or vaut 16 000 f et que la dépense pour la fabrication s'est élevée à 450 f (on néglige la valeur du cuivre) ?

Rappel : titre d'un alliage = masse du métal précieux / masse totale de l'alliage.

(5 points)

4. EN ROUTE, FACTEUR !

Fig. 61. Borne hectométrique.

Fig. 60. Borne kilométrique.

Un facteur part du village A au kilomètre 15 ; il arrive au village B à la borne hectométrique 7, après avoir passé la borne portant l'indication 18 km, puis au village C à la borne hectométrique 5, après avoir passé la borne portant l'indication 22 km. Quelle est la distance entre le village A et le village C ? Entre le village B et le village C ?

(10 points)

5. HECTARES, ARES, CENTIARES

Dans un champ de 6,43 ha, on vend une parcelle de 8 128 m² ; puis on prend sur le reste 9,85 a pour construire une maison et 815 ca pour faire un jardin. À combien est réduite la surface du champ ?

PRÉPARATION DE L'ÉPREUVE DE FRANÇAIS N° 8

(10 POINTS) **1. DICTÉE**

Retrouvez les **10** fautes qui se sont glissées dans ce texte.

Une tempête en mer

La mer élevait ses flots comme des monts dans ce canal ou nous étions engoufrés. Tantôt les vagues se couvrait d'écume et d'étincelles, tantôt elles n'offraient qu'une surface huileuse marbrées de taches noires cuivrées ou verdatres. Quelquefois une lame monstrueuse venait roulant sur elle-même sans se briser, comme une mer qui enverrait les flots d'une autre mer. Pendant un moment, le bruit de l'abîme et celui des vents était confondus ; le moment d'après on distinguait la triste voix de la lame lointaine.

Au gouvernail, des torrents d'eaux s'écoulaient en tourbillonnant comme au débouché d'une écluse... Le pilote déclara que le nauffrage était inévitable.

CHATEAUBRIAND

(5 POINTS) **2. QUESTIONS**

1) Qu'est-ce qu'une tache *cuivrée* ? ....
....
....

2) Un son *cuivré* ? ....
....

3) Quel est le pluriel de *gouvernail* ? ....

4) Expliquez le mot *débouché*. ....
....
....

5) Ici, quel est le sens de *lame* ? ....
....

PRÉPARATION DE L'ÉPREUVE D'ARITHMÉTIQUE N° 8

(5 POINTS) **3. PARIS, MODÈLE RÉDUIT**

Sur un plan de Paris à l'échelle $\frac{1}{25\,000}$, la distance de la station de la porte de Vincennes à celle de la porte Maillot est représentée par une longueur de 41,4 cm. Exprimer cette distance en prenant le kilomètre pour unité.

(5 POINTS) **4. AU VÉLODROME**

Dans une course, un cycliste parcourt 3 fois un vélodrome circulaire en décrivant des circonférences ayant 217 m de diamètre. Sachant qu'une des roues de sa bicyclette a 0,70 m de diamètre, calculer combien elle a fait de tours pendant la course.

(10 POINTS) **5. OUVREZ LES VANNES**

Un robinet fournit 3,5 l d'eau par minute. On le laisse couler pendant 4 h 35 min. Combien faudra-t-il encore de litres pour remplir un bassin d'une contenance de 1,5 m³ et combien de temps devra-t-on encore le laisser couler pour le remplir ?

PRÉPARATION DE L'ÉPREUVE DE FRANÇAIS N° 9

(10 POINTS) **1. DICTÉE**
RETROUVEZ LES 10 FAUTES QUI SE SONT GLISSÉES DANS CE TEXTE.

Le pays natal

C'est toujours une grande émotion pour moi que de retourné dans ce petit bourg, à peu près inconnu au reste du monde, la où j'ai tendu les bras aux premiers fantômes de la vie. Un peu avant d'être arriver je descend de voiture, je marche sur le revert de la route, je compte les arbres. Je reconnait ceux aux branches desquelles je grimpais avec mes camarades. Il y en a au pied desquels je m'assied et où, les yeux fermés, je me plonge dans quelques doux rêve qui me rajeûnit de vingt ans. Il y a en a que j'aime comme de vieux amis, et devant lesquels je m'incline en passant ; il y en a d'autres qui sont plantés depuis mon départ, et devant lesquels je passe sans regarder, comme des inconnus.

Alexandre DUMAS

(5 POINTS) **2. EXPRESSION**
TROUVEZ LE PREMIER TERME DE LA COMPARAISON.

.... comme de l'eau de roche.

.... comme un jour sans pain.

.... comme le marbre.

.... comme du jais.

.... comme un diable dans un bénitier.

PRÉPARATION DE L'ÉPREUVE D'ARITHMÉTIQUE N° 9

(5 points) **3. PARTAGE DU TRAVAIL**

Deux ouvriers travaillent ensemble. Le 1er gagne 9 f par jour de plus que le 2e. Le 1er travaille 10 j. et le 2e 3 j. Ils touchent ensemble 402 f. Quel est le salaire journalier de chacun d'eux ?

(10 points) **4. ET VOGUE LE NAVIRE**

Un navire contient 145 passagers de 1re et de 2e classe. Les uns payent 320 f et les autres 260 f. La recette totale a été de 39 800 f. Quel est le nombre de passagers de chaque classe ?

(5 points) **5. RÉDUIRE LES FRACTIONS**

Réduire au même dénominateur les fractions suivantes :

1) $\frac{3}{7}$ et $\frac{5}{8}$

2) $\frac{6}{13}$ et $\frac{11}{19}$

3) $\frac{15}{52}$ et $\frac{31}{60}$

4) $\frac{1}{3}, \frac{3}{4}$ et $\frac{2}{5}$

5) $\frac{5}{6}, \frac{2}{5}$ et $\frac{3}{10}$

PRÉPARATION DE L'ÉPREUVE DE CULTURE GÉNÉRALE N° 10

(10 POINTS) ## 1. GÉOGRAPHIE

REPLACEZ CES 20 VILLES SUR LA CARTE DE FRANCE :

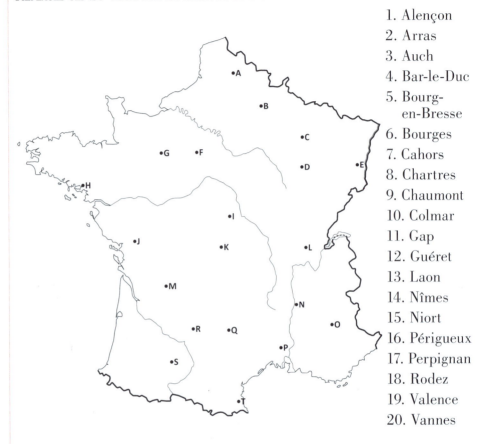

1. Alençon
2. Arras
3. Auch
4. Bar-le-Duc
5. Bourg-en-Bresse
6. Bourges
7. Cahors
8. Chartres
9. Chaumont
10. Colmar
11. Gap
12. Guéret
13. Laon
14. Nîmes
15. Niort
16. Périgueux
17. Perpignan
18. Rodez
19. Valence
20. Vannes

(5 POINTS) ## 2. RÉCITATION

RETROUVEZ LES MOTS QUI COMPLÈTENT CET EXTRAIT DU *CORBEAU ET LE RENARD* (J. DE LA FONTAINE).

« Hé ! bonjour, Monsieur du Corbeau.
Que vous êtes joli ! que vous me semblez .... !
Sans mentir, si votre ....
Se rapporte à votre ....,
Vous êtes le .... des hôtes de ces bois. »
À ces mots le Corbeau ne se sent pas de .... ;

(5 points) ## 3. HISTOIRE
COMPLÉTEZ CES PHRASES SUR LA GUERRE DE CENT ANS :

1) En 1328, deux cousins du roi de France décédé se disputent la couronne : Édouard, roi d'Angleterre, et ....

2) Après la bataille de Crécy en 1346, les Anglais occupent .... pendant plus de deux cents ans.

3) Jean le Bon subit une défaite à .... en 1356 ; il est fait prisonnier et signe le traité de Brétigny.

4) Sous le règne de Charles V, un vaillant capitaine breton, ..., ..., mène une guerre opiniâtre aux Anglais.

5) Une jeune paysanne, ..., va trouver le roi et obtient quelques soldats avec lesquels elle libère Orléans en 1429.

(5 points) ## 4. SCIENCES
RETROUVEZ LES ÉLÉMENTS DU SYSTÈME DIGESTIF DE L'HOMME.

Pharynx ......   Gros intestin ......   Intestin grêle ......
Appendice ......   Bouche ......   Foie ......
Œsophage ......   Pancréas ......   Cæcum ......
Langue ......   Anus ......   Estomac ......
Rectum ......   Côlon ......   Larynx ......

(2 points) ## 5. ENSEIGNEMENT MÉNAGER (épreuve de filles)
Comment enlève-t-on les taches de bougie ? ....
....

(2 points) ## 6. ENSEIGNEMENT AGRICOLE (épreuve de garçons)
Durant quels mois de l'année plante-t-on les tubercules de pommes de terre ?
....
....

PRÉPARATION DE L'ÉPREUVE DE FRANÇAIS N° 11

(10 POINTS)

1. DICTÉE MÉLANGÉE

DANS CETTE DICTÉE SANS FAUTES LES LETTRES DES **10** MOTS ENTRE PARENTHÈSES ONT ÉTÉ MÉLANGÉES. SELON LE CONTEXTE DE LA PHRASE, RETROUVEZ LA BONNE ORTHOGRAPHE DE CES MOTS.

La végétation en hiver

On s'imagine à Paris que la nature est morte pendant six mois, et pourtant les blés poussent dès l'*(tunemoa)* .... et le pâle soleil des hivers, comme on est convenu de l'appeler, est le plus vif et le plus *(talbrinl)* .... de l'année. Quand il dissipe les *(srebum)* ...., quand il se couche dans la *(purerop)* .... des soirs de grande gelée, on a peine à soutenir l'éclat de ses rayons. Même dans nos *(rocentés)* .... froides et fort mal nommées *(petérmées)* ...., la création ne se *(lopulédie)* .... jamais d'un air de vie et de *(raupre)* .... Les grandes plaines *(tamorenfles)* .... se couvrent de ces tapis courts et frais, sur lesquels le soleil bas à l'horizon jette de grandes flammes d'*(darémeue)* .... Les prés se revêtent de mousses magnifiques, luxe tout gratuit de l'hiver.

George SAND, *Histoire de ma vie*

2. VOCABULAIRE

ACHEVEZ LES PHRASES SUIVANTES AVEC LES MOTS QUI S'IMPOSENT.

Ne parlez pas de votre .... devant un malade, ni de votre .... devant un infortuné.
On ferait une liste curieuse des erreurs du savant, des .... du brave, et des .... du sage.
Les passions en engendrent souvent qui leur sont contraires : l'.................... produit parfois de la prodigalité ; on est souvent .... par faiblesse, et .... par timidité.

PRÉPARATION DE L'ÉPREUVE D'ARITHMÉTIQUE N° 11

(10 POINTS) **3. CALCULS DE RENTIER**

Une personne dispose d'un capital de 25 000 f. Elle peut le placer en rente 4 % au cours de 58,50 f, ou acheter un immeuble qui lui rapportera 8 % ; mais, dans ce cas, les frais d'entretien et les impôts absorberont $\frac{1}{8}$ du revenu total. Quel est le placement le plus avantageux ?

(5 POINTS) **4. LOURD COMME LA FONTE**

Une pièce de fonte a un volume de 1 875 dm³. Elle a été achetée 174 f le quintal et le transport a coûté 74 f la tonne. À combien revient cette pièce, la densité de la fonte étant 7,4 ?

(5 POINTS) **5. L'AVION RETARDÉ**

Un aviateur est parti de Dijon pour Lyon, distant de 196 km, à 14 h 25 min. Par suite d'une panne de moteur, il s'est arrêté à Mâcon pendant 32 min. Sachant que la vitesse moyenne de l'appareil en marche a été de 84 km à l'heure, on demande à quelle heure l'aviateur a atterri à Lyon.

PRÉPARATION DE L'ÉPREUVE DE FRANÇAIS N° 12

(10 POINTS) **1. DICTÉE**

RETROUVEZ LES 10 FAUTES QUI SE SONT GLISSÉES DANS CE TEXTE.

La vallée du Rhin

Vers quatre heures du mâtin, je me suis réveillé. Un vent frais me frappait le visage ; la voiture, lancée au galop, penchait en avant ; nous descendions la fameuse côte de Saverne.

C'est là une des plus belle impression de ma vie. La pluie avait cessée, les brumes se dispersaient aux quatre vents, le croissant traversait rapidement les nuées, et, par moment, voguait librement dans un trapèze d'azur, comme une barque dans un petit lac. De temps en temps, une brize qui venait du Rhin faisait frissoner les arbres ; ils s'écartaient alors et me laissais voir un abîme vague et éblouissant : au premier plan, une futaye sous laquelle se dérobait la montagne ; en bas, d'immenses pleines... Ces spectacles inachevés ont peut-être plus de prestiges encore que les autres. Ce sont des rêves qu'on touche et qu'on regarde.

Victor HUGO, *Le Rhin*

(5 POINTS) **2. PROVERBES**

COMPLÉTEZ CES PROVERBES EN VOUS AIDANT DE LEUR SIGNIFICATION.

1) Brider l'âne par .... (*Faire une chose à rebours, de travers*)
2) Battre .... avec un bâton. (*Faire des efforts inutiles, perdre sa peine*)
3) Promettre plus de .... que de pain. (*Promettre plus qu'on ne veut ou qu'on ne peut tenir*)
4) Les .... courent les bénéfices, et les ânes les attrapent. (*L'ignorant obtient souvent la récompense due à l'homme instruit*)
5) La poule ne doit pas chanter devant .... (*La femme ne doit rien décider en présence de son mari*)

PRÉPARATION DE L'ÉPREUVE D'ARITHMÉTIQUE N° 12

(5 POINTS) **3. L'ÉCHELLE PENCHE**

Une échelle est appuyée le long d'un mur, son pied est à 1,50 m du mur et son point d'appui sur le mur est à une hauteur de 4,50 m. Quelle est la pente de l'échelle ?

(5 POINTS) **4. TRAVAUX DE PEINTURE**

On fait peindre, à raison de 3,25 f le mètre carré, le plafond d'une salle carrée de 4 m de côté. Le peintre trace en plus sur ce plafond un filet à 0,25 m des murs et qu'il fait payer 0,90 f le mètre courant. Calculer la dépense.

(10 POINTS) **5. MESURES DE COURONNES**

Calculer la surface des couronnes suivantes :

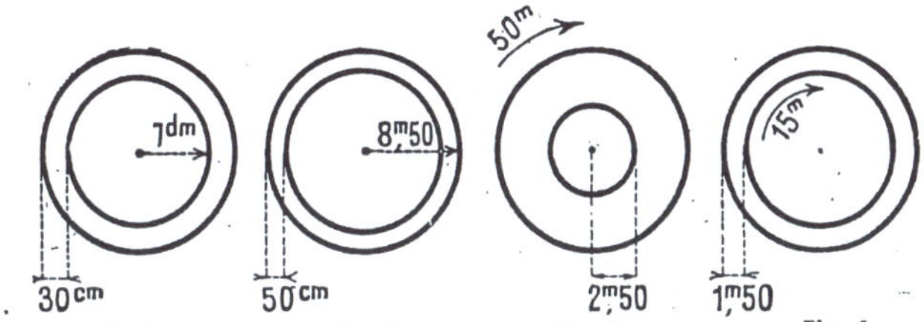

Fig. 1 : 7 dm ; 30 cm
Fig. 2 : 8 m 50 ; 50 cm
Fig. 3 : 50 m ; 2 m 50
Fig. 4 : 15 m ; 1 m 50

PRÉPARATION DE L'ÉPREUVE DE FRANÇAIS N° 13

(10 POINTS) **1. DICTÉE**

RETROUVEZ LES 10 FAUTES QUI SE SONT GLISSÉES DANS CE TEXTE.

Les champs des oiseaux

Le lorieau siffle, l'hirondelle gazouille, le rammier gémit ; le premier, perché sur la plus haute branche d'un ormau, défie notre merle ; la seconde, sous un toit hospitalié, fait entendre un ramage confut ; le troisième, caché dans le feuillage d'un chêne, prolonge ses roucoulements semblables aux sons onduleux d'un cor dans les bois. Enfin le rouge gorge répète sa petite chanson sur la porte de la grange où son gros nid de mousse est placé.

Mais le rossignol dédeigne de perdre sa voix au milieu de cette symphonie. Lorsque les premiers silences de la nuit et les derniers murmures du jour luttent sur les coteaux, au bord des fleuves, dans les bois et dans les vallées, lorsque les forêts se taisent, que pas une feuille, pas une pousse ne soupirent, que la lune est dans le ciel, que l'oreille de l'homme est attentive, le premier chentre de nos bois entonne son hymne divin.

CHATEAUBRIAND, Le Génie du christianisme

(5 POINTS) **2. CONJUGAISON**

CONJUGUEZ LE VERBE *TAIRE* À L'IMPARFAIT DU SUBJONCTIF.

que je ....

que tu ....

qu'il, qu'elle ....

que nous ....

que vous ....

qu'ils, qu'elles ....

PRÉPARATION DE L'ÉPREUVE D'ARITHMÉTIQUE N° 13

(5 POINTS) **3. DIVISIBLE OU PAS ?**

Le nombre 156 375 est-il divisible par 2, par 5, par 9 ?
À quoi le reconnaissez-vous sans faire la division ?

(10 POINTS) **4. TERRAIN BISCORNU**

Trouvez le prix du terrain ci-contre
à 1 500 f l'hectare.

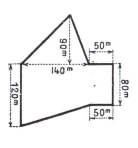

(5 POINTS) **5. CHEZ LE BOUCHER**

Pour peser un morceau de viande, un boucher emploie les masses suivantes :
1 kg, $\frac{1}{2}$ kg, deux masses de 1 hg, 5 dag et, sur le même plateau que la viande, pour faire l'équilibre, il met 20 g. À 15 f le kilo, quel est le prix du morceau de viande ?

PRÉPARATION DE L'ÉPREUVE DE FRANÇAIS N° 14

(10 POINTS) **1. DICTÉE À CONJUGUER**
CONJUGUEZ LES VERBES ENTRE PARENTHÈSES
À L'IMPARFAIT DE L'INDICATIF.

Un matin aux champs

Maintenant le soleil était levé, et, par l'ouverture exposée à l'orient, un rayon d'or *(entrer)* .... dans la cabane qu'il *(illuminer)* .... Au-dehors, les oiseaux *(chanter)* .... et autour de l'îlot, sur l'étang, dans les roseaux, sur les branches des saules, se faisait entendre une confusion de bruits, de murmures, de sifflements, de cris, qui *(annoncer)* .... l'éveil à la vie de toutes les bêtes de la tourbière. Des libellules *(voleter)* .... de çà et de là ; le long des rives, des oiseaux *(piquer)* .... de leur bec la terre humide pour saisir des vers, et, sur l'étang couvert d'une vapeur légère, une sarcelle d'un brun cendré *(nager)* ...., entourée de ses petits, qu'elle *(tâcher)* .... de maintenir près d'elle par des appels incessants, mais sans y parvenir, car ils *(s'échapper)* .... pour s'élancer à la poursuite de tous les insectes qui *(passer)* .... à leur portée.

Hector MALOT, En famille

(5 POINTS) **2. PLÉONASMES**
ÉLIMINEZ LES PLÉONASMES DES PHRASES SUIVANTES.

1) Où la chèvre est attachée, il faut qu'elle y broute.

2) Il se vit obligé malgré lui de renoncer à son entreprise.

3) On peut succomber à la suite d'une forte hémorragie de sang.

4) Diviser et partager signifient que d'un tout on en fait plusieurs parties.

5) Je leur donnai à chacun de quoi gagner du bien dans le commerce de la mer.

PRÉPARATION DE L'ÉPREUVE D'ARITHMÉTIQUE N° 14

(5 points) **3. LE TRÈFLE QUI SÈCHE**

Le trèfle perd environ 18 % de sa masse en séchant. Combien une prairie de 3,64 ha fournira-t-elle de fourrage sec si le rendement est de 164 kg par are ? Quelle est la valeur de la récolte à raison de 67,50 f le quintal sec ?

(5 points) **4. LES STÈRES DE BOIS**

Convertir en mètres cubes ces volumes de bois de chauffage : 425 stères ; 3 450 décistères ; 25 doubles stères ; 35 demi-stères.

(10 points) **5. LES BECS DE GAZ**

Une usine est éclairée par 58 becs de gaz de 17 h à minuit. Chaque bec consomme en moyenne 1,35 hl de gaz par heure. Sachant que le mètre cube de gaz coûte 0,95 f, calculer la dépense de l'éclairage pour le mois de janvier, si l'usine est fermée le 1er janvier et les 4 dimanches du mois.

PRÉPARATION DE L'ÉPREUVE DE CULTURE GÉNÉRALE N° 15

(5 POINTS)   1. HISTOIRE

COMPLÉTEZ CES PHRASES SUR L'HISTOIRE DU CHEVALIER BAYARD.

Bayard se couvrit de gloire pendant les guerres d'Italie (Fornoue en 1495). Il n'avait jamais eu peur ; il n'avait jamais menti ; aussi l'appela-t-on le .... Au pont du ...., petit fleuve d'Italie, il barre seul le chemin aux Espagnols, le temps de prévenir notre armée. Pendant la bataille de ...., en 1515, il fait des prodiges de valeur. Par la suite, ... voulut être armé chevalier par Bayard. En 1524, à ...., le brave chevalier est blessé à mort par un coup d'arbalète.

(5 POINTS)   2. GÉOGRAPHIE

RETROUVEZ LES RÉGIONS ET LES COLONIES D'ASIE OÙ SE SITUENT CES VILLES :

Hanoï •   Hué •   Phnom-Penh •   Saïgon •   Pondichéry •

• Cochinchine   • Hindoustan   • Tonkin   • Cambodge   • Annam

(3 POINTS)   3. DESSIN

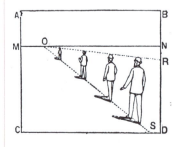

1) Comment s'appelle cette technique de dessin ?
....

2) Que représente la ligne MN ?
....

3) Quel nom donne-t-on au point O ?
....

(4 POINTS) ## 4. SCIENCES NATURELLES

Fig. 192. — Os de la tête de la baleine

1) Comment s'appellent les lames cornées qui garnissent la mâchoire supérieure de la baleine et qui lui servent à se nourrir de petites proies ?
....
....

2) Qu'est-ce qui différencie les ongulés comme les ruminants, les porcins ou les hippopotames d'autres ongulés comme les chevaux, les rhinocéros ou les éléphants ?
....

(5 POINTS) ## 5. MUSIQUE

Retrouvez la signification des nuances suivantes :

pianissimo •   • en diminuant de force

morendo •   • en diminuant de son

decrescendo •   • très faible, très doux

diminuendo •   • en forçant le son

sforzando •   • en mourant

(2 POINTS) ## 6. ENSEIGNEMENT AGRICOLE (épreuve de garçons)

Dans un poulailler à 40° environ, quelle est la durée d'incubation des œufs ?
....

(2 POINTS) ## 7. PUÉRICULTURE (épreuve de filles)

Pendant toute la toilette du bébé, quel est le plus redoutable ennemi du nouveau-né ? ....
....
....

PRÉPARATION DE L'ÉPREUVE DE FRANÇAIS N° 16

(10 POINTS) **1. DICTÉE**

RETROUVEZ LES 10 FAUTES QUI SE SONT GLISSÉES DANS CE TEXTE.

La côte bretonne

Montez le long des pics élevés, jetez-vous dans un de ses sentiers encaicés au flanc du côteau et que borde des deux côtés les genais qui balancent leurs couronnes d'or à cinq pieds au-dessus de votre frond ; marchez sans écarter le rideau de verdure qui se trouve devant vous, puis tout à coup, quand vous aurez cesser de monter, levez les yeux ! La mer sera à vos pieds ; la mer murmurante, mélancolique, encadrée d'une bordure de montagnes lointaines !

Là, vous pourrez passer des heures, des journées, des mois entiers, sans entendre d'autres bruits que la vague ou le cri de l'oiseau marin, sans voir autre chose que le soleil se levant et se couchant sur les flots, ou parfois une voile rasant la mer à l'horizon, comme un goéland égarré. Rien au monde ne peux rendre la majestueuse tristesse d'un pareil spectacle.

E. SOUVESTRE, *En Bretagne*

(5 POINTS) **2. SYNONYMES**

RELIEZ LES MOTS POUVANT ÊTRE UTILISÉS COMME SYNONYMES :

craintif •   • vétille

inimitié •   • folâtre

badin •   • aversion

indolent •   • pusillanime

bagatelle •   • mou

PRÉPARATION DE L'ÉPREUVE D'ARITHMÉTIQUE N° 16

(5 points) **3. LE PARTAGE DES POMMES**

On avait partagé des pommes entre un certain nombre d'enfants. Chacun d'eux avait eu 12 pommes, et il en restait 3. Un de ces enfants ayant refusé sa part, chacun des autres a pu recevoir au total 15 pommes, et il n'en est resté aucune. Combien avait-on de pommes et combien y avait-il d'enfants ?

....
....
....

(10 points) **4. VISUALISER LES ANGLES**

Deux angles adjacents valent l'un $\frac{1}{3}$ de droit, l'autre $\frac{3}{5}$ de droit ; on considère l'angle total formé par ces deux angles et l'on trace la bissectrice.
1) Dans lequel des deux angles primitifs sera-t-elle située ?
2) Quel angle fait cette bissectrice avec chacun des côtés extérieurs des angles adjacents ?
3) Quel angle fait-elle avec le côté commun aux angles adjacents ?

....
....
....

(5 points) **5. POURSUITE INFERNALE**

Un cycliste part de Paris à 5 h allant à Orléans à une vitesse de 20 km à l'heure. Une automobile part à sa poursuite à 6 h $\frac{1}{2}$ à une vitesse de 40 km à l'heure. À quelle heure l'automobile atteindra-t-elle le cycliste ?

....
....
....

PRÉPARATION DE L'ÉPREUVE DE FRANÇAIS N° 17

(10 POINTS) **1. DICTÉE**

R<small>ETROUVEZ LES</small> **10** <small>FAUTES QUI SE SONT GLISSÉES DANS CE TEXTE.</small>

Une nuit d'été en Amérique

Une heure après le couché du soleil, la lune se montra au-dessus des arbres à l'horizon opposé. Une brise embaumée, que cette reine des nuits amenait d'orient avec elle, semblait la précédée dans les forêts comme sa fraîche haleine. L'astre solitaire monta peu à peu dans le ciel : tantôt il suivait paisiblement sa course azurée ; tantôt il reposait sur des groupes de nus qui ressemblaient à de hautes montagnes couronées de neige. Ces nus, ployant et déployant leurs ailes, se déroulaient en zones diafanes de satin blanc, se dispersaient en légers flocons d'écume, ou formaient dans les cieux des bans d'une oite éblouissante, si doux à l'œil, qu'on croyait ressentir leur molesse et leur élasticité.

CHATEAUBRIAND, Le Génie du christianisme

(5 POINTS) **2. QUESTIONS**

1) Dans ce texte, que désigne la métaphore *reine des nuits* ?

2) Où se situe l'*horizon opposé* ?

3) Expliquer le sens de l'expression *brise embaumée*.

4) Relever les trois verbes réfléchis de la dictée.

5) Conjuguer le verbe *croire* à la deuxième personne du pluriel du passé simple.

PRÉPARATION DE L'ÉPREUVE D'ARITHMÉTIQUE N° 17

(5 POINTS) **3. LE PRIX DU GÂTEAU**

Pour faire un gâteau, on a employé 5 œufs à 7,80 f la douzaine, 110 g de sucre à 4,50 f le kilo, 150 g de farine à 1,20 f le demi-kilo, et 75 g de beurre valant 20,40 f le kilo. Les frais de cuisson étant évalués à 0,75 f, à combien revient le gâteau ?

(10 POINTS) **4. LA GRANDE LESSIVE**

Pour laver le linge d'un ménage, une blanchisseuse demande 15 f par semaine. La ménagère préfère prendre deux fois par mois une femme à laquelle elle donne 10 f chaque fois. On use, par lessive, 1,5 kg de savon à 3,50 f le demi-kilo, 1 kilo de cristaux de soude à 0,75 f le kilo, 0,50 f de bleu et 2,75 f de combustible. Calculer l'économie annuelle.

(5 POINTS) **5. FRACTIONS À RANGER**

Ranger les fractions suivantes par ordre de grandeur croissante :

1) $\frac{1}{2}, \frac{2}{9}, \frac{11}{15}$ et $\frac{1}{5}$ 2) $\frac{1}{3}, \frac{3}{5}, \frac{5}{9}$ et $\frac{1}{2}$

Ranger les fractions par ordre de grandeur décroissante :

3) $\frac{2}{9}, \frac{3}{4}$ et $\frac{10}{11}$ 4) $\frac{121}{300}, \frac{27}{60}$ et $\frac{7}{12}$ 5) $\frac{9}{13}, \frac{15}{19}$ et $\frac{12}{18}$

PRÉPARATION DE L'ÉPREUVE DE FRANÇAIS N° 18

(10 POINTS) **1. DICTÉE À PONCTUER**

DANS CETTE DICTÉE SANS FAUTES, 10 PONCTUATIONS ONT ÉTÉ EFFACÉES. RETROUVEZ-LES.

Le premier vol de l'hirondelle

La mère se lève sur ses ailes le petit regarde attentivement et se soulève un peu aussi Puis vous le voyez voleter il regarde, agite ses ailes. Tout cela va bien encore, cela se fait dans le nid. La difficulté commence pour se hasarder d'en sortir. Elle l'appelle et lui montre quelque gibier tentant elle lui promet une récompense elle essaye de l'attirer par l'appât d'un moucheron. Le petit hésite encore. Mettez-vous à sa place. Il ne s'agit point ici de faire un pas dans une chambre entre la mère et la nourrice, pour tomber sur des coussins. Cette hirondelle d'église, qui professe au haut de sa tour sa première leçon de vol a peine à enhardir son fils à s'enhardir peut-être elle-même à ce moment décisif. Tous deux j'en suis sûr du regard plus d'une fois mesurent l'abîme et regardent le pavé. Pour moi, je le déclare, le spectacle est grand, émouvant... Il faut qu'il croie sa mère, il faut qu'elle se fie à l'aile du petit, si : novice encore...

MICHELET, L'Oiseau

(5 POINTS) **2. MAXIMES**

DÉDUIRE LA MAXIME QUI DÉCOULE DES PROPOSITIONS SUIVANTES :

1) Prendre le chemin le plus long, selon l'habitude des écoliers qui vont en classe : ....

2) Il faut rendre à chacun ce qui lui est dû : ....

3) Tomber d'un malheur dans un pire : ....

4) Se dit de deux personnes qu'on voit toujours ensemble : ....

5) Cela se dit quand il pleut et qu'il fait soleil en même temps : ....

PRÉPARATION DE L'ÉPREUVE D'ARITHMÉTIQUE N° 18

(5 points) **3. RÈGLE DE TROIS SALÉE**

Une tonne d'eau de mer abandonne par évaporation 32 kg de sel. On demande, en mètres cubes, la quantité d'eau qu'il faudra faire évaporer pour obtenir 50 kg de sel, sachant que le litre d'eau de mer pèse 1 025 g.

(5 points) **4. LE GRAND CAPITAL**

Après 3 mois de placement d'un capital au taux de 5 %, une personne a reçu, capital et intérêts réunis, 25 515 f. Quel était le capital placé ?

(10 points) **5. À L'EAU, À L'HUILE**

Vide, un vase pèse 3,4 kg. Plein d'huile, dont la densité est 0,9, il pèse 21,4 kg. Que pèserait-il s'il était au $\frac{3}{4}$ rempli d'eau ?

(rappel : 1 litre d'eau pèse 1 kg)

PRÉPARATION DE L'ÉPREUVE DE FRANÇAIS N° 19

(10 POINTS) **1. DICTÉE**

RETROUVEZ LES 10 FAUTES QUI SE SONT GLISSÉES DANS CE TEXTE.

Le lendemain d'un orage

Sur le chemin de Dannemarie, à un tournant de haie, un champ de blé magnifique, saquagé, fauché, ravinné par la pluie et la grêle, croisai par terre, dans tous les sens, ces tiges brisées. Les épis lourds et mûrs s'égrenaient dans la boue, et des volées de petits oiseaux s'abattaient sur cette moisson perdus, sautant dans ces ravins de paille humides et faisan voler le blé tout autour. En plein soleil, sous le ciel pur, c'était sinistre ce pillage. Debout devant son champ ruiné, un grand paysan long, voûté, vétu à la mode de la vieille Alsace, regardait cela silencieusement. Il y avait une vrai douleur sur sa figure, mais en même temps quelque chose de résignée et de calme, je ne sais quel espoir vague, comme s'il c'était dit que sous les épis couchés, sa terre lui restait toujours, vivante, fertile, fidèle, et que, tant que la terre est là, il ne faut pas désespérer.

Alphonse DAUDET, Contes du lundi. En Alsace

(5 POINTS) **2. FÉMININ OU MASCULIN**

CHOISISSEZ LE BON ACCORD SELON LE GENRE DES NOMS.

1) Polyxène fut sacrifiée aux mânes *plaintifs/plaintives* d'Achille.
....

2) La manière dont agit ce remède est restée *un/une* arcane pour les savants.
....

3) L'orbite *décrit/décrite* par la planète Uranus est considérable.
....

4) Il est arrivé *un grand/une grande* esclandre dans cette famille.
....

5) Les érésipèles *flegmoneux/flegmoneuses* ne sont pas sans danger.
....

PRÉPARATION DE L'ÉPREUVE D'ARITHMÉTIQUE N° 19

(5 POINTS)

3. L'ESCOMPTE

Un banquier a prélevé un escompte de 6,40 f sur un billet payable à 45 j. Quelle somme le banquier a-t-il versée, le taux de l'escompte étant de 5 %.

(5 POINTS)

4. LES ARBRES DU BOULEVARD

Un boulevard rectiligne est planté de deux rangées d'arbres espacés de 10 m. Le premier et le dernier sont à 7 m des extrémités et il y a en tout 264 arbres. Calculer la longueur du boulevard.

10 POINTS

5. LE GRAND BASSIN

Un bassin ayant la forme d'un prisme droit à base rectangulaire est revêtu intérieurement d'un enduit qui coûte 23 f le mètre-carré. Calculer la dépense si les dimensions intérieures sont 2,25 m de long, 1,40 m de large et 1,30 m de haut ?

Des prismes droits

PRÉPARATION DE L'ÉPREUVE DE CULTURE GÉNÉRALE N° 20

(10 POINTS) **1. VIE POLITIQUE**

RETROUVEZ LES NOMS DES PRÉSIDENTS DE LA RÉPUBLIQUE :

A B C D E

1) Sadi Carnot (1887-1894) ...... 2) Jean Casimir-Perier (1894-1895) ......
3) Félix Faure (1895-1899) ...... 4) Émile Loubet (1899-1906) ......
5) Armand Fallières (1906-1913) ......

(5 POINTS) **2. HISTOIRE**

1) Qui est le personnage central brandissant le drapeau ?
....

2) De quel pont s'agit-il ?
....

3) De quelle campagne s'agit-il ?
....

4) Quelle est l'armée combattue par les Français ?
....

5) En quelle année cette scène se déroule-t-elle ?
....

(4 POINTS) **3. SCIENCES**

1) Expérience réalisée en classe en hiver : une bougie est placée en haut d'une porte entrebâillée ; une seconde bougie est placée en bas. La flamme de la bougie du haut se dirige vers l'extérieur de la pièce, la flamme de la bougie du bas se dirige vers l'intérieur.

Que peut-on en conclure ? ....

....

2) Dans les pays froids, on fait usage des doubles portes et des doubles fenêtres.

Qu'emprisonne-t-on de cette manière, et pourquoi ? ....

....

(8 POINTS) **4. CHANT**

Retrouvez les mots manquants dans ce couplet de *La Marseillaise*.

Amour sacré de la ....,
Conduis, soutiens nos bras ....
Liberté, Liberté ....,
Combats avec tes .... ! (*bis*)
Sous nos ...., que la victoire
Accoure à tes .... accents,
Que tes ennemis ....
Voient ton triomphe et notre .... !

(2 POINTS) **5. ENSEIGNEMENT AGRICOLE (épreuve de garçons)**

Comment s'appelle le bâtiment où l'on élève les vers à soie ?

....

(2 POINTS) **6. ENSEIGNEMENT MÉNAGER (épreuve de filles)**

Au cours d'une lessive, comment s'appelle l'étape où l'on ajoute du bleu d'outremer afin de raviver les blancs ?

....

PRÉPARATION DE L'ÉPREUVE DE FRANÇAIS N° 21

(10 POINTS) **1. DICTÉE**

RETROUVEZ LES **10** FAUTES QUI SE SONT GLISSÉES DANS CE TEXTE.

La journée de l'aveugle

Quand il fait beau, je m'assoie à une bonne place au soleil, contre un mur, contre une roche, et je voie en idée la vallée, le château, le clocher, les maisons qui fument, les bœufs qui paturent, les voyageurs qui passent comme je les voyais autrefois des yeux. Je connais les saisons tout comme dans le temps où je voyais verdir les avoines, fauchais les blés, murrir les froments et jaunir les feuilles. J'ai des yeux dans les oreilles, j'en ai sur les mains. Je passe des heures entières à écouter près des ruches les mouches à miel qui commencent à bourdoner sous la paille et qui sortent une à une en s'éveillant, par leur porte, pour savoir si le vent est doux et si le treifle commence à fleurir. J'entend les lézards glissés dans les pierres sèches, je connais le vol de toutes les mouches autour de moi. Oh ! jamais je ne m'ennuies.

LAMARTINE, *Le Tailleur de pierres de Saint-Point*

(5 POINTS) **2. EXPRESSIONS**

RETROUVEZ LES BONNES COMPARAISONS DANS CES EXPRESSIONS COURANTES :

Il est gras comme •   • à ramer des choux

Il est heureux comme •   • un chien de plomb

Nager comme •   • le poisson sur la paille

Avoir faim comme •   • un cent de clous

Tu t'y entends comme •   • la rivière a soif

PRÉPARATION DE L'ÉPREUVE D'ARITHMÉTIQUE N° 21

(5 POINTS) **3. COUPS DE POMPE**

Une pompe d'épuisement a vidé les $\frac{3}{5}$ d'un bassin en 45 minutes en débitant 20 hl à l'heure. Quelle est, en mètres cubes, la contenance de ce bassin ?

(5 POINTS) **4. LA DROITE SEGMENTÉE**

Sur une droite AB de 24 cm, on prend, entre A et B, un point C tel que CB soit la moitié de AC. Calculer la longueur de chacun des segments AC et CB.

(10 POINTS) **5. C'EST DANS LA BOÎTE**

Une boîte a la forme d'un parallélépipède rectangle de 0,13 m de long, de 0,06 m de large et de 0,07 m de haut. On veut la recouvrir extérieurement de papier rouge et la border sur ses arêtes avec du papier vert. Calculer :

1) La surface de papier rouge qu'il faudra pour la recouvrir.

2) La longueur de papier vert qu'il faudra pour la border.

3) Le volume de la boîte.

PRÉPARATION DE L'ÉPREUVE DE FRANÇAIS N° 22

(10 POINTS)

1. DICTÉE MÉLANGÉE

Dans cette dictée sans fautes les lettres des 10 mots entre parenthèses ont été mélangées. Selon le contexte de la phrase, retrouvez la bonne orthographe de ces mots.

La pêche de la morue

Le navire se balançait lentement sur place en rendant toujours la même plainte, *(tonomone)* .... comme une *(nachons)* .... de Bretagne répétée en rêve par un homme endormi. Les deux pêcheurs avaient préparé très vite leurs *(saçhomen)* .... et leurs lignes, tandis que l'autre ouvrait un baril de sel et, *(gaisutani)* .... son grand couteau, s'asseyait derrière eux pour attendre.

Ce ne fut pas long. À peine avaient-ils jeté leurs lignes dans cette eau tranquille et froide, ils les *(trèverelen)* .... avec des poissons lourds, d'un gris *(naitusl)* .... d'acier.

Et toujours, et toujours, les morues vives se faisaient prendre ; c'était rapide et *(steincans)* ...., cette pêche silencieuse. L'autre *(réttanvei)* ...., avec son grand couteau, aplatissait, salait, comptait, et la *(masuure)* .... qui devait faire leur fortune au retour s'empilait derrière eux, toute *(lairtussene)* .... et fraîche.

Pierre LOTI, Pêcheur d'Islande

(5 POINTS)

2. PLURIEL DES NOMS COMPOSÉS

Trouvez le pluriel des noms composés proposés entre parenthèses.

1) Phidias porta l'art des .... *(bas-relief)* à sa plus haute perfection.
2) Les .... *(œil-de-bœuf)* de la cour du Louvre sont ornés de sculptures.
3) La plupart des gens font des .... *(coq-à-l'âne)*, comme M. Jourdain faisait de la prose.
4) On prétend que les .... *(chat-huant)* voient plus clair la nuit que le jour.
5) Il ne faut pas s'arrêter aux .... *(ouï-dire)* ; il faut chercher des témoignages positifs.

PRÉPARATION DE L'ÉPREUVE D'ARITHMÉTIQUE N° 22

(5 POINTS) **3. SUR DU VELOURS**

3 m de velours valent autant que 7 m de drap. On a payé 532,50 f pour 14,20 m de ce drap. Combien aura-t-on de mètres de velours pour 350 f ?

(5 POINTS) **4. PAR ICI LA MONNAIE**

Combien faut-il de pièces de 0,25 f pour payer :
1) 3,50 f ?
2) 1,75 f ?
3) 4,25 f ?

(10 POINTS) **5. LES TERRASSIERS**

Deux équipes d'ouvriers terrassiers travaillent à la construction d'un chemin long de 33,750 km. Elles ont commencé chacune à une extrémité du chemin ; la première fait 30 m par jour, la seconde, 24 m. À quelle distance ces deux équipes seront-elles l'une de l'autre au bout de 160 jours de travail ? Au bout de combien de jours le travail sera-t-il terminé ?

PRÉPARATION DE L'ÉPREUVE DE FRANÇAIS N° 23

(10 points) **1. DICTÉE**

RETROUVEZ LES **10** FAUTES QUI SE SONT GLISSÉES DANS CE TEXTE.

Le jardin des souvenirs

J'ai eu pour premier berceau un petit et agraiste jardin, entouré d'un mur de pierres sèches. C'est là que j'ai éprouvées les premières et les plus poignantes jouissances qu'il soit données à la nature de faire goûter à une âme, à une imagination d'enfant ou de jeune homme ! J'habite maintenant des jardins plus vastes, plus artistement planté. Mais j'ai conservé ma prédilection pour celui là. Je le garde précieusement dans son ancienne pauvreté d'ombre, d'eau, de fleurs et de fruits ! Et quand j'ai quelques rares heures de liberté et de solitude, c'est dans ce jardin que je vais les passées ! Oui, c'est dans cette pauvre encînte depuis longtemps déserte, vidée par la mort ; c'est dans ces allées envaillies par les herbes, par la mousse et par les œuillets des bordures ; c'est sous ces vieux troncs épuisés de sève ; c'est sur ce sable mal rattissé, que je cherche encore du regard les pas de ma mère, de mes sœurs, des anciens amis, des vieux serviteurs de la famille.

LAMARTINE, *Discours prononcé à Mâcon, le 20 sept. 1847*

(5 points) **2. LES CONTRAIRES**

RETROUVEZ LES CONTRAIRES DES MOTS SUIVANTS.

détroit • • exorde

absolu • • édifiant

subséquent • • constitutionnel

scandaleux • • isthme

péroraison • • antécédent

PRÉPARATION DE L'ÉPREUVE D'ARITHMÉTIQUE N° 23

(10 POINTS)

3. LE TRIANGLE DE FOIN

Un pré triangulaire a 264 m de base et 185 m de hauteur.
Quelle est la valeur du foin récolté sur ce pré si l'hectare a produit 5 200 kg de foin sec valant 75 f le quintal ?

(5 POINTS)

4. J'ARRIVE À L'HEURE

Je veux me rendre à la gare située à une distance de 6,3 km et je désire arriver 10 minutes avant le train de 11 h 27 min. À quelle heure dois-je partir si je fais par minute 120 pas de chacun 7 dm ?

(5 POINTS)

5. ÇA BALANCE

Comment, sur une balance ordinaire, peut-on équilibrer avec 2 masses seulement un corps pesant :
1) 4,5 kg ?
2) 1,950 kg ?
3) 980 g
4) 490 g
5) 19,8 kg ?

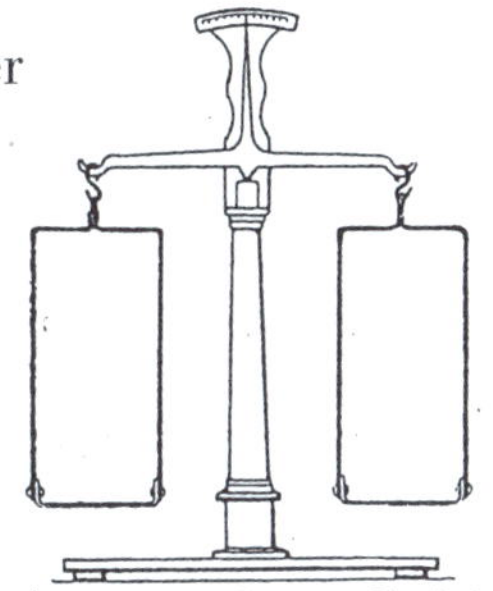

Fig. 77. — Balance ordinaire.

PRÉPARATION DE L'ÉPREUVE DE FRANÇAIS N° 24

(10 POINTS)

1. DICTÉE

RETROUVEZ LES 10 FAUTES QUI SE SONT GLISSÉES DANS CE TEXTE.

La fête foraine

On venait d'allumer les lampions. L'avenue, de distance en distance, était ornée de poteaux jaunes et bleus, garnis de petits pots de couleurs, où brûlaient des mêches fumeuses. Des baraques en toiles bordaient les trotoirs, laissant traîner dans les ruisseaux les franges de leurs rideaux rouges. Les faillences dorées, les bonbons fraîchement peints, le clinquant des étalages miroitait à la lumière des quinquais. Il y avait dans l'air une odeur de poussière, de pain d'épices et de gauffres à la graisse. Les orgues chantaient, les paillasses enfarinées riaient et pleuraient sous une grêle de soufflets et de coups de pieds. Une nuée chaude pesait sur cette joie. Au-dessus de cette nuée, au-dessus de ces bruits, s'élargissait un ciel d'été, aux profondeurs pures.

Émile ZOLA

(5 POINTS)

2. VOCABULAIRE

DONNEZ LE MOT CORRESPONDANT À LA DÉFINITION :

1) Instrument pour battre le blé : ....

2) Embarras dans le nez causé par un rhume de cerveau : ....

3) Coup sur le nez donné avec un doigt raidi, puis détendu : ....

4) Jadis hôpital de lépreux, situé hors des villes : ....

5) Dégoût de la vie, maladie particulière aux Anglais : ....

PRÉPARATION DE L'ÉPREUVE D'ARITHMÉTIQUE N° 24

(5 POINTS) ### 3. LE MAUVAIS MÈTRE

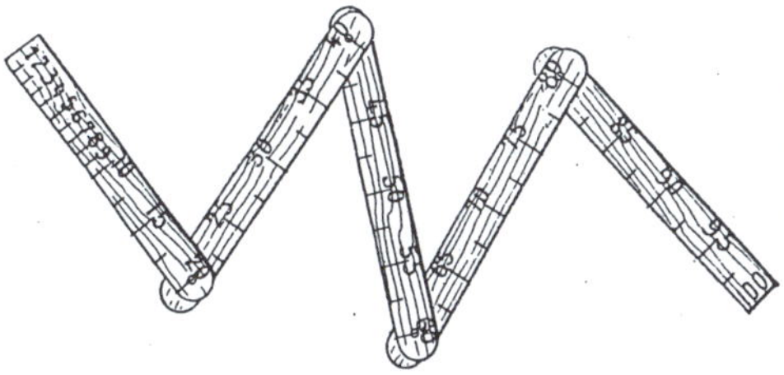

On a mesuré une longueur avec un mètre trop long de 0,002 m et l'on a trouvé 23,45 m. Quelle est, à 0,001 près, la valeur réelle de cette longueur ?

Fig. 56. — Mètre du charpentier.

(7 POINTS) ### 4. BONS DE LA DÉFENSE NATIONALE

Une personne achète 20 bons de la Défense nationale de 100 f chacun. Ces bons, remboursables à un an, donnent un intérêt de 6 % payable d'avance. Quelle somme cette personne verse-t-elle et à quel taux réel place-t-elle son argent ?

(8 POINTS) ### 5. COMPTER LES MOUTONS

Un fermier a vendu 26 moutons, les uns à 112 f, les autres à 140 f. Il a reçu en tout 3 192 f. Combien avait-il de moutons de chaque sorte ?

PRÉPARATION DE L'ÉPREUVE DE CULTURE GÉNÉRALE N° 25

(10 points) **1. HISTOIRE**

1) Que représente cette scène ? ....
....

2) Quel évêque officie lors de cette cérémonie ? ....
....

3) Cette scène se déroule vers 498, mais quel jour ? ....
....

4) Et dans quelle ville ? ....

5) Qu'attendent les 3 000 soldats francs à gauche ? ....
....

(5 points) **2. GÉOGRAPHIE**

COMPLÉTEZ CES PHRASES SUR LES FLEUVES FRANÇAIS :

1) La Seine prend sa source au ....

2) La Loire prend sa source au ....

3) La Garonne prend sa source au ....
....

4) La Seine se jette dans la Manche entre ....
....

5) La Loire se jette dans l'océan Atlantique entre ....
....

(4 POINTS) **3. ENSEIGNEMENT AGRICOLE (épreuve de garçons)**

Retrouvez le nom de ces machines agricoles.

A : ....
B : ....
C : ....
D : ....
E : ....
F : ....
G : ....

1. semoir mécanique
2. charrue Brabant
3. charrue ordinaire
4. rouleau brise-mottes
5. herse articulée
6. scarificateur
7. rouleau

(2 POINTS) **4. ENSEIGNEMENT MÉNAGER (épreuve de filles)**

Retrouvez le nom de ces points de couture.

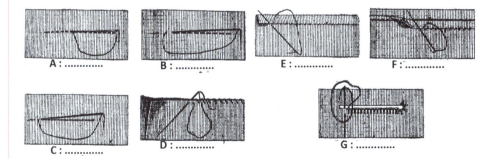

A : ....
B : ....
E : ....
F : ....
C : ....
D : ....
G : ....

1. point d'ourlet
2. couture rabattue
3. point arrière
4. point de boutonnière
5. point devant
6. point piqué
7. point de surjet

SOLUTIONS

PRÉPARATION N°1 – FRANÇAIS-ARITHMÉTIQUE

Ma note : /10
1. Dictée *(comptez 1 point par bonne réponse ; et -1 si vous avez désigné une faute qui n'existe pas)*
parti**t**, brouillar**d**, doré**es**, traînaient, na**pp**e, empr**ein**t, sol**enn**ité, (La fraîcheur, la légèreté de l'ai**r**) aidai**en**t, ca**r**riole, harcelé**es**.

Ma note : /5
2. Questions *(1 point par bonne réponse)*
1) Une étoffe légère et transparente, de coton ou de soie, employée dans la mode ou la confection
2) Un petit tas de céréales coupées à la main ou par la javeleuse, et qu'on lie ensuite en gerbes
3) Parce qu'elles étaient attirées par les parfums « qu'éparpillait dans l'air la récolte des fruits »
4) nous empreignons. 5) que tu conduisisses.

Ma note : /10
3. Rendez-vous ferroviaire *(comptez 5 points pour le raisonnement ; 5 points de plus si vous réalisez le calcul à la main)*
Quand le train de Lyon part, le train parti de Paris marche depuis 1 h 45 min ; il a parcouru 48 km × 1 h 3/4 = 84 km ; distance qui sépare alors les deux trains = 512 km – 84 km = 428 km. En 1 h, les deux trains se rapprochent de 48 km + 32 km = 80 km. La rencontre aura lieu au bout de 428/80 = 5 h 21 min. Distance à Paris du point de rencontre = 84 km + 48 km × 428/80 = 340,8 km.

Ma note : /5
4. Horaires de travail *(comptez 4 points pour le raisonnement ; 1 point de plus si vous réalisez le calcul à la main)*
Durée du travail : 17 h – 6 h 1/2 – 1 h 1/4 – 1/2 = 8 h 3/4 ou 35/4. Gain journalier = (3,6 f × 35)/4 = 31,50 f.

Ma note : /5
5. Engrenages *(comptez 4 points pour le raisonnement ; 1 point de plus si vous réalisez le calcul à la main)*
La plus grande roue a 162 dents ; la suivante a 162 × 2/3 = 108 dents ; la troisième a 108 × 2/3 = 72 dents ; la plus petite a 72 × 2/3 = 48 dents.

TOTAL /35

PRÉPARATION N°2 – FRANÇAIS-ARITHMÉTIQUE

Ma note : /10
1. Dictée *(comptez 1 point par bonne réponse ; et -1 si vous avez désigné une faute qui n'existe pas)*
gai**s**, di**s**, ver**r**ez, a**pp**rendra, travaille**z**, content**é**, maîtres, léger**s**, dispo**s**, d'**en**train.

Ma note : /5
2. Figures de style *(comptez 1 point par bonne réponse)*
La ville éternelle : Rome ; l'empire des lis : la France ; l'aigle de Meaux : Bossuet ; le père de l'histoire Hérodote ; le peuple-roi : les Romains.

Ma note : /5
3. Que d'eau ! Que d'eau ! *(comptez 4 points pour le raisonnement ; 1 point de plus si vous réalisez le calcul à la main)*
Contenance du réservoir = 1m³ × 2,4 × 1,5 × 1,2 = 4,320 m³ ou 4 320 l. Nombre de litres retirés = 225 l × 3 × 5 = 3 375 l. Il reste 4 320 l – 3 375 l = 945 l.

Ma note : /10
4. La roue tourne *(comptez 5 points pour le raisonnement ; 5 points de plus si vous réalisez le calcul à la main)*
Circonférence d'une roue arrière = 0,70 m × 2 × 22/7 = 4,4 m. Nombre de tours sur 3 960 m = 3 960/4,4 = 900. Nombre de tours des roues avant = 900 + 100 = 1 000. Circonférence d'une roue avant = 3 960 / 1 000 = 3,96 m. Rayon = 3,96 / 2 π = (3,96 × 7) / (2 × 22) = 0,63 m.

Ma note : /5
5. Surface cultivable *(comptez 4 points pour le raisonnement ; 1 point de plus si vous réalisez le calcul à la main)*
Longueur de la partie cultivable = 40 m – (1 m × 2 + 1,20 m) = 36,80 m. Largeur de la partie cultivable = 28 m – 3,20 m = 24,80 m. Surface = 1 m² × 36,8 × 24,8 = 912,64 m².

TOTAL /35

PRÉPARATION N°3 – FRANÇAIS-ARITHMÉTIQUE

Ma note : /10
1. Dictée à conjuguer *(comptez 2 points par bonne réponse)*
faisais, s'ouvrait, vivait, écrivais, étais.

Ma note : /5
2. Questions *(1 point par bonne réponse)*
1) On pourrait dire : comme un secrétaire, ou à la façon de... 2) Ici c'est un meuble sur lequel on écrit et dans lequel on renferme des papiers. Un secrétaire est aussi celui dont l'emploi est de faire, d'écrire des lettres, des dépêches pour une personne à laquelle il est attaché. 3) Ce nom, donné au grillon

SOLUTIONS

reproduit le chant de l'insecte. C'est une onomatopée comme *coucou, glouglou, froufrou*. 4) C'est un petit pain sans levain, dont on se sert pour cacheter des lettres. 5) Je viendrai.

3. Le juste prix *(comptez 5 points pour le raisonnement ; 5 points de plus si vous réalisez le calcul à la main)*
Prix de revient de 3 chemises = 96 f/12 × 8,7 + 26,25 f = 95,85 f. Prix de revient d'une douzaine = 95,85 f × 4 = 383,40 f. Prix de vente d'une douzaine = 383,40 f + 8,75 f × 12 = 488,40 f

4. Fractions en série *(comptez 5 points pour le calcul à la main)*
5/9 × 3/8 = 5/24 ; 3/4 × 7/11 = 21/44 ; 3/20 × 2/3 = 1/10

5. Vaches à lait *(comptez 4 points pour le raisonnement ; 1 point de plus si vous réalisez le calcul à la main)*
Volume de crème par jour, pour une vache = 0,15 l × 10 = 1,5 l. Masse de beurre, par jour, pour une vache = 0,350 kg × 1,5 = 0,525 kg. Masse de beurre par semaine, pour 8 vaches = 0,525 kg × 7 × 8 = 29 kg.

PRÉPARATION N°4 – FRANÇAIS-ARITHMÉTIQUE

1. Dictée *(comptez 1 point par bonne réponse ; et -1 si vous avez désigné une faute qui n'existe pas)*
encaissés, flan**c**, co**t**eau, bord**ent**, couron**n**es, au-dessus, ri**d**eau, ra**s**ant, hori**z**on, go**é**land.

2. Figures de style *(1 point par bonne réponse)*
Pauvre comme Job ; fier comme Artaban ; avare et sot comme Midas ; sage comme Nestor ; vertueux comme Socrate.

3. Fumer le blé *(comptez 5 points pour le raisonnement ; 5 points de plus si vous réalisez le calcul à la main)*
Surface du champ = 1 m² × (120 + 170)/2 × 72 = 10 440 m² ou 1,044 ha. Masse du nitrate nécessaire = 150 kg × 1,044 = 156,6 kg. Prix du nitrate = (125 f × 156,6)/100 = 195,75 f.

4. Hectolitres et compagnie *(comptez 5 points pour le calcul à la main)*
37 503 l + 750 l + 0,02 l + 39,8 l = 38 292,82 l.

5. À la bonne heure *(comptez 4 points pour le raisonnement ; 1 point de plus si vous réalisez le calcul à la main)*
18 h 20 m – 12 h = 6 h 20 m. En 6 h 20 m ou 6 h 1/3, la montre avance de 3 m × 6 + 3 m/3 = 19 m. Elle marquera 18 h 20 m + 19 m = 18 h 39 m.

PRÉPARATION N°5 – CULTURE GÉNÉRALE

1. Histoire *(1 point par bonne réponse)*
1) En 52 av. J.-C. 2) À gauche, sur le cheval. 3) À droite, sur le trône. 4) Des soldats romains. 5) Alésia.

2. Géographie *(1 point par bonne réponse)*
1) Annecy 2) Saint-Étienne 3) Beauvais 4) Dijon 5) Carcassonne

3. Dessin *(comptez 0 si les bords de la feuille de chêne ne sont pas lobés)*

4. Sciences *(2 points par bonne réponse)*
1) gaz carbonique 2) carbonate de calcium

5. Musique *(comptez 1 point par bonne réponse)*
Dans l'ordre : sol, si, mi, mi, do.

6. Enseignement ménager *(2 points par bonne réponse)*
Il faut plonger les œufs frais 3 minutes dans l'eau bouillante.

7. Enseignement agricole *(2 points par bonne réponse)*
De la bouillie bordelaise (pour 100 l d'eau, 2 kg de sulfate de cuivre, 1 kg de chaux).

PRÉPARATION N°6 – FRANÇAIS-ARITHMÉTIQUE

1. Dictée *(comptez 1 point par bonne réponse ; et -1 si vous avez désigné une faute qui n'existe pas)*
sonné, rallumé, sarm**ent**, réchauff**er**, sépulcrale, fais, vermoulu, noi**ent**, c**i**mes, courir.

SOLUTIONS

Ma note :
/5

2. Questions *(1 point par bonne réponse)*
1) Un plancher vermoulu est celui qui est moulu, rongé par les vers et, par conséquent, peu solide.
2) *Sépulcral* dérive de *sépulcre* qui veut dire « tombeau ». La chambre sépulcrale, c'est le tombeau lui-même. 3) *Denteture* vient de *dent*. Les mots de la même famille sont : *dentaire, dental, denté, dentelé, dentelle, dentellière, denteture, dentier, dentiste, dentition, denture, dentifrice, chiendent, cure-dents* etc. 4) *je vois courir les nuages sur les dernières étoiles.* 5) Proposition subordonnée (à la principale) circonstancielle de temps.

Ma note :
/5

3. Chiffres romains *(1 point par bonne réponse)*
a) 68   b) 96   c) 449   d) 1814   e) 1928

Ma note :
/10

4. L'héritage *(comptez 5 points pour le raisonnement ; 5 points de plus si vous réalisez le calcul à la main)*
Le premier et le second reçoivent 1/4 + 1/5 = (5 + 4) / 20 = 9 / 20 de la fortune. Le dernier reçoit les 11/20 de la fortune et il donne 11/40 à l'hôpital. Les 11/40 de la fortune valent donc 11 000 f. Fortune du vieillard = (11 000 × 40) / 11 = 40 000 f. Part du premier neveu = 40 000 / 4 = 10 000 f. Part du second neveu = 40 000 / 5 = 8 000 f. Part du troisième neveu = (40 000 f × 11) / 20 = 22 000 f, dont 22 000 f / 2 pour lui-même.

Ma note :
/5

5. Taux d'intérêt *(comptez 4 points pour le raisonnement ; 1 point de plus si vous réalisez le calcul à la main)*
100 f deviennent 106 f ; somme prêtée = (100 × 3 816) / 106 = 3 600 f. Si le taux avait été de 8 % la somme prêtée aurait été de 3 600 f + (3 600 × 8) / 100 = 3 888 f.

TOTAL
/35

PRÉPARATION N°7 – FRANÇAIS-ARITHMÉTIQUE

Ma note :
/10

1. Dictée à ponctuer *(comptez 1 point par bonne réponse)*
Pour le naturaliste, la vache est un animal ruminant ; pour le promeneur, c'est une bête (...) son mufle noir, humide de rosée ; pour l'enfant (...) à la crème ; mais pour le paysan, c'est bien plus et bien mieux encore. Si pauvre qu'il puisse être, et si nombreuse (...) chemins herbus, là où la pâture (...)

Ma note :
/5

2. Vocabulaire *(0,5 point par bonne réponse)*
Qui est situé au-delà des Alpes : transalpin ; Qui est situé en deçà des Alpes : cisalpin ; Testament écrit de la main même du testateur : olographe ; Avant-dernière syllabe d'un mot : pénultième ; Varié, qui est de plusieurs couleurs : diapré ; Concis, à la manière des Lacédémoniens : laconique ; Celui qui hait l'espèce humaine : misanthrope ; Qui mène une vie molle et voluptueuse : sybarite ; Prononcer la lettre r du fond de la gorge : grasseyer ; Frapper la terre avec le pied, pour le cheval : piaffer.

Ma note :
/5

3. Problème en or *(comptez 4 points pour le raisonnement ; 1 point de plus si vous réalisez le calcul à la main)*
Masse de l'or pur = 100 g × 0,92 = 92 g. Valeur du bijou = 16 f × 92 + 450 f = 1 922 f

Ma note :
/5

4. En route, facteur ! *(comptez 4 points pour le raisonnement ; 1 point de plus si vous réalisez le calcul à la main)*
Distance AC = 22,5 km – 15 km = 7,5 km. Distance BC = 22,5 km – 18,7 km = 3,8 km

Ma note :
/10

5. Hectares, ares, centiares *(comptez 9 points pour le raisonnement et les conversions, 1 point pour le calcul à la main)*
Surface enlevée = 8 128 m^2 + 985 m^2 + 815 m^2 = 9 928 m^2. La surface du champ est réduite à 64 300 m^2 – 9 928 m^2 = 54 372 m^2 ou 5 ha 43 a 72 ca.

TOTAL
/35

PRÉPARATION N°8 – FRANÇAIS-ARITHMÉTIQUE

Ma note :
/10

1. Dictée *(comptez 1 point par bonne réponse ; et -1 si vous avez désigné une faute qui n'existe pas)*
o**ù**, engou**ff**rés, couvrai**ent**, marbr**ée**, verd**â**tres, (le bruit de l'abîme et celui des vents) étai**ent** disting**u**ait, voi**x**, torrents d'ea**u**, naufrage.

Ma note :
/5

2. Questions *(1 point par bonne réponse)*
1) Une tache cuivrée est un reflet lumineux semblable aux reflets du cuivre, c'est-à-dire d'un brun rougeâtre. 2) Un son cuivré est un son pareil à ceux que font entendre les instruments en cuivre (trompette, tuba, etc.). 3) Le pluriel de ce nom est *gouvernails*. 4) Le mot *débouché* vient du préfixe *dé*, signifiant « hors de » et du radical *bouche* ; il désigne l'endroit où se fait la sortie d'un lieu fermé : *au débouché de l'écluse* signifie « à la sortie de l'écluse ». 5) Dans ce contexte, *lame* désigne une vague

SOLUTIONS

Ma note : /5
3. Paris, modèle réduit *(comptez 4 points pour le raisonnement ; 1 point de plus si vous réalisez le calcul à la main)*
Distance recherchée = 41,4 cm × 25 000 = 1 035 000 cm ou 10,35 km.

Ma note : /5
4. Au vélodrome *(comptez 4 points pour le raisonnement ; 1 point de plus si vous réalisez le calcul à la main)*
Distance parcourue = 217 m × π × 3. Circonférence de la roue = 0,70 m × π. Nombre de tours = (217 × π × 3) / (0,7 × π) = 930.

Ma note : /10
5. Ouvrez les vannes *(comptez 5 points pour le raisonnement ; 5 points de plus si vous réalisez le calcul à la main)*
4 h 35 min valent 275 min. Quantité d'eau fournie = 3,5 l × 275 = 962,5. Pour 1,5 m^3, il faudra encore 1 500 l – 962,5 l = 537,50. Temps = 537,5 / 3,5 = 153 min = 2 h 33 min.

TOTAL /35

PRÉPARATION N°9 – FRANÇAIS-ARITHMÉTIQUE

Ma note : /10
1. Dictée *(comptez 1 point par bonne réponse ; et -1 si vous avez désigné une faute qui n'existe pas)*
retourn**er**, l**à**, arriv**é**, descend**s**, rever**s**, reconnai**s**, aux branches desqu**els**, je m'assied**s**, quelqu**e**, raje**u**nit.

Ma note : /5
2. Expression *(1 point par bonne réponse)*
Clair comme de l'eau de roche. **Long** comme un jour sans pain. **Froid** comme le marbre. **Noir** comme du jais. **Se démener** comme un diable dans un bénitier.

Ma note : /5
3. Partage du travail *(comptez 4 points pour le raisonnement ; 1 point de plus si vous réalisez le calcul à la main)*
Les 10 jours de travail du premier ont été payés autant que 10 jours de travail du second plus 9 f × 10 = 90 f. 402 f représentent donc 13 jours de travail du 2e plus 90 f. Salaire journalier du 2e = (402 – 90 f) / 13 = 24 f. Salaire journalier du 1er = 24 + 9 = 33 f.

Ma note : /10
4. Et vogue le navire *(comptez 8 points pour le raisonnement ; 2 points de plus si vous réalisez le calcul à la main)*
Ce problème se résout par fausse hypothèse : si tous les passagers voyageaient en 1ère classe, la recette serait 320 f × 145 = 46 400 f. On a reçu en moins 46 400 – 39 800 = 6 600 f. Si un passager de 1ère classe est remplacé par un de 2e classe, on reçoit en moins 320 f – 260 = 60 f. Nombre de passagers de seconde classe = 6 600 / 60 = 110. Nombre de passagers de première classe = 145 – 110 = 35.

Ma note : /5
5. Réduire les fractions *(1 point par bonne réponse)*
1) 3/7 = (3 × 8)/(7 × 8) = 24/56 et 5/8 = (5 × 7)/(8 × 7) = 35/56. **2)** 6/13 = (6 × 19)/(13 × 19) = 114/247 et 11/19 = (11 × 13)/(19 × 13) = 143/247. **3)** 15/52 = (15 × 60)/(52 × 60) = 900/3 120 et 31/60 = (31 × 60)/(60 × 52) = 1 612/3 120. **4)** 1/3 = (1 × 4 × 5)/(3 × 4 × 5) = 20/60 ; 3/4 = (3 × 3 × 5)/(4 × 3 × 5) = 45/60 ; 2/5 = (2 × 3 × 4)/(5 × 3 × 4) = 24/60. **5)** 5/6 = (5 × 5)/(6 × 5) = 25/30 ; 2/5 = (2 × 6)/(5 × 6) = 12/30 ; 3/10 = (3 × 3)/(10 × 3) = 9/30

TOTAL /35

PRÉPARATION N°10 – CULTURE GÉNÉRALE

Ma note : /10
1. Géographie *(0,5 point par bonne réponse)*
A : 2 ; B : 13 ; C : 4 ; D : 9 ; E : 10 ; F : 8 ; G : 1 ; H : 20 ; I : 6 ; J : 15 ; K : 12 ; L : 5 ; M : 16 ; N : 19 ; O : 11 ; P : 14 ; Q : 18 ; R : 7 ; S : 3 ; T : 17

Ma note : /5
2. Récitation *(1 point par bonne réponse)*
beau ! ; ramage ; plumage ; phénix ; joie.

Ma note : /5
3. Histoire *(1 point par bonne réponse)*
1) Philippe VI de Valois. 2) Calais. 3) Poitiers. 4) Bertrand Du Guesclin. 5) Jeanne d'Arc

Ma note : /15
4. Sciences *(1 point par bonne réponse)*
1. Bouche ; 2. Pharynx ; 3. Langue ; 4. Larynx ; 5. Œsophage ; 6. Foie ; 7. Estomac ; 8. Pancréas ; 9. Gros intestin ; 10. Côlon ; 11. Cæcum ; 12. Appendice ; 13. Intestin grêle ; 14. Rectum ; 15. Anus

Ma note : /2
5. Enseignement ménager *(2 points par bonne réponse)*
Pour les taches de bougie, le fer chaud fait fondre la bougie qu'un papier buvard absorbe immédiatement.

Ma note : /2
6. Enseignement agricole *(2 points par bonne réponse)*
De mars à mai.

TOTAL /35

SOLUTIONS

PRÉPARATION N° 11 – FRANÇAIS-ARITHMÉTIQUE

Ma note : /10
1. Dictée mélangée *(comptez 1 point par bonne réponse)*
automne, brillant, brumes, pourpre, contrées, tempérées, dépouille, parure, fromentales, émeraude

Ma note : /5
2. Vocabulaire *(1 point par bonne réponse ; 5 points maximum)*
Ne parlez pas de votre *santé* devant un malade, ni de votre *bonheur* devant un infortuné. On fera une liste curieuse des erreurs du savant, des *terreurs* du brave, et des *folies* du sage. Les passions en engendrent souvent qui leur sont contraires : l'*avarice* produit parfois de la prodigalité ; on est souvent *ferme* par faiblesse, et *hardi* par timidité.

Ma note : /10
3. Calculs de rentier *(comptez 8 points pour le raisonnement ; 2 points pour le calcul à la main)*
Montant de la rente = 4 × 25 000 / 58,5 = 4 × 427 = 1 708 f. Revenu de l'immeuble = (25 000 f × 8) / 100 = 2 000 f. Revenu net = (2 000 f × 7) / 8 = 1 750 f ; le deuxième placement est plus avantageux.

Ma note : /5
4. Lourd comme la fonte *(comptez 4 points pour le raisonnement ; 1 point de plus si vous réalisez le calcul à la main)*
Masse de la pièce = 7,4 kg × 1 875 = 13 875 kg ou 138,75 q. Prix = 174 f × 138,75 = 24 142,50 f. Prix du transport = 74 f × 13,875 = 1 026,75 f. Prix de revient = 24 142,50 f + 1 026,75 f = 25 169,25 f.

Ma note : /5
5. L'avion retardé *(comptez 4 points pour le raisonnement ; 1 point de plus si vous réalisez le calcul à la main)*
Temps de vol = 196 / 84 = 2,33 h = 2 h 20 min. Heure de l'arrivée = 14 h 25 min + 2 h 20 min + 32 min = 17 h 17 min.

TOTAL /35

PRÉPARATION N° 12 – FRANÇAIS-ARITHMÉTIQUE

Ma note : /10
1. Dictée *(comptez 1 point par bonne réponse ; et -1 si vous avez désigné une faute qui n'existe pas)*
ma**t**in, belle**s** impression**s** (comptez 1 faute), cess**é**, moment**s**, bri**s**e, frisso**nn**er, laissai**ent**, futaie, plaines, prestige.

Ma note : /5
2. Proverbes *(1 point par bonne réponse)*
1) la queue 2) l'eau 3) beurre 4) chevaux 5) le coq

Ma note : /5
3. L'échelle penche *(comptez 4 points pour le raisonnement ; 1 point de plus si vous réalisez le calcul à la main)*
La pente de l'échelle = 4,5/1,5 = 3

Ma note : /10
4. Travaux de peinture *(comptez 4 points pour le raisonnement ; 1 point de plus si vous réalisez le calcul à la main)*
Prix de la peinture au plafond = 3,25 f × 4^2 = 52 f. Longueur du filet = (4 – 0,50) × 4 = 14 m. Prix du filet = 0,90 f × 14 = 12,60 f. Dépense = 52 f + 12,60 f = 64,50 f.

Ma note : /10
5. Mesures de couronnes *(5 points pour le raisonnement ; 5 points pour le calcul à la main)*
Fig. 1 surface = 1 dm^2 × π (10^2 – 7^2) = 160,14 dm^2 ; Fig. 2 surface = 1 dm^2 × π ($8,5^2$ – 8^2) = 25,905 m^2 ; Fig. 3 Diamètre du grand cercle = 50 m/3,14 = 15,92 m. Rayon = 7,96 m. Surface couronne = 1 m^2 × π($7,96^2$ – $2,5^2$) = 179,3304 m^2 ; Fig. 4 Diamètre du petit cercle = 15/3,14 = 4,77 m. Rayon = 2,38 m. Surface couronne = 1 m^2 × π ($3,88^2$ – $2,38^2$) = 28,8566 m^2.

TOTAL /35

PRÉPARATION N° 13 – FRANÇAIS-ARITHMÉTIQUE

Ma note : /10
1. Dictée *(comptez 1 point par bonne réponse ; et -1 si vous avez désigné une faute qui n'existe pas)*
chants (le texte vous donne le sens et l'orthographe du mot), lori**ot**, ra**m**ier, orm**eau**, hospitalier, confu**s**, rouge-gorge, dé**d**aigne, soupir**e**, ch**a**ntre.

Ma note : /5
2. Conjugaison *(- 1 par faute ; 5 points maximum)*
que je tusse ; que tu tusses ; qu'il, qu'elle tût ; que nous tussions ; que vous tussiez ; qu'ils, qu'elles tussent

Ma note : /5
3. Divisible ou pas ? *(5 points pour le raisonnement)*
Le nombre 156 375 n'est pas divisible par deux car le chiffre des unités est impair ; il est divisible par 5 car le chiffre des unités est 5 ; il est divisible par 9, car la somme de ses chiffres (27) est divisible par 9.

Ma note : /10
4. Terrain biscornu *(5 points pour le raisonnement ; 5 points pour le calcul à la main)*
Surface du triangle = 1 m^2 × (140 × 90) / 2 = 6 300 m^2 ; surface du trapèze = 1 m^2 × (120 + 80) × 2 × 140 = 14 000 m^2 ; surface du rectangle = 1 m^2 × 80 × 50 = 4 000 m^2. Surface totale = 6 300 m^2 + 14 000 m^2 + 4 000 m^2 = 24 300 m^2 ou 2,43 ha. Prix du terrain = 1 500 f × 2,43 = 3 645 f.

SOLUTIONS

Ma note : /5
total /35

5. Chez le boucher *(4 points pour le raisonnement ; 1 point pour le calcul)*
Masse de la viande = 1 kg + 0,5 kg + 0,2 kg + 0,05 kg − 0,02 kg = 1,730 kg. Prix du morceau = 15 f × 1,73 = 25,95 f.

PRÉPARATION N°14 – FRANÇAIS-ARITHMÉTIQUE

Ma note : /10
1. Dictée à conjuguer *(comptez 1 point par bonne réponse)*
entrait, illuminait, chantaient, annonçaient, voletaient, piquaient, nageait, tâchait, s'échappaient, passaient.

Ma note : /5
2. Pléonasmes *(1 point par bonne réponse)*
1) ... il faut qu'elle (y) broute. 2) ... obligé (malgré lui)... 3) ... hémorragie (de sang). 4) ... que d'un tout on (en) fait... 5) Je (leur) donnai à chacun.

Ma note : /5
3. Le trèfle qui sèche *(4 points pour le raisonnement ; 1 point pour le calcul)*
Masse de rendement = 164 kg × 364 = 59 696 kg. Masse de fourrage sec = 59 696 × 82/100 = 48 950,72 kg ou 489,5 q. Valeur de la récolte = 67,5 f × 489,5 = 33 041,25 f

Ma note : /5
4. Les stères de bois *(5 points pour le raisonnement)*
425 m^3 ; 345 m^3 ; 50 m^3 ; 17,5 m^3

Ma note : /10
5. Les becs de gaz *(5 points pour le raisonnement ; 5 points pour le calcul à la main)*
L'usine a été éclairée pendant 26 jours à raison de 7 h par jour. Consommation totale = 135 l × 7 × 58 × 26 = 1 425 050 l, soit 1 425 m^3, par défaut. Dépense = 0,95 f × 1 425 = 1 353,75 f.

TOTAL /35

PRÉPARATION N°15 – CULTURE GÉNÉRALE

Ma note : /5
1. Histoire *(1 point par bonne réponse)*
Dans l'ordre : le Chevalier sans peur et sans reproche ; Garigliano ; Marignan ; François Ier ; Abbiategrasso.

Ma note : /5
2. Géographie *(1 point par bonne réponse)*
Hanoï : Tonkin ; Hué : Annam ; Phnom-Penh : Cambodge ; Saïgon : Cochinchine ; Pondichéry : Hindoustan

Ma note : /3
3. Dessin *(1 point par bonne réponse)*
1) La perspective ; 2) La ligne d'horizon ; 3) Le point de fuite.

Ma note : /4
4. Sciences naturelles *(2 points par bonne réponse)*
1) Les fanons. 2) Les ruminants, porcins ou hippopotames ont des doigts en nombre pair, les chevaux, rhinocéros ou éléphants ont des doigts en nombre impair.

Ma note : /5
5. Musique *(1 point par bonne réponse)*
pianissimo : très faible, très doux ; morendo : en mourant ; decrescendo : en diminuant de force ; diminuendo : en diminuant de son ; sforzando : en forçant le son.

Ma note : /2
6. Enseignement agricole *(2 points par bonne réponse)*
21 jours.

Ma note : /2
7. Puériculture *(2 points par bonne réponse)*
Le froid.

TOTAL /24

PRÉPARATION N°16 – FRANÇAIS-ARITHMÉTIQUE

Ma note : /10
1. Dictée *(comptez 1 point par bonne réponse ; et -1 si vous avez désigné une faute qui n'existe pas)*
c**e**s, enca**i**ssés, c**o**teau, bord**ent**, gen**êts**, fron**t**, cess**é**, d'autre bruit (comptez 1 faute), éga**r**é, peu**t**.

Ma note : /5
2. Synonymes *(1 point par bonne réponse)*
craintif : pusillanime ; inimitié : aversion ; badin : folâtre ; indolent : mou ; bagatelle : vétille

Ma note : /5
3. Le partage des pommes *(5 point pour le raisonnement)*
L'un des enfants ayant refusé sa part, il y a eu 15 pommes à redistribuer et la part de chaque enfant participant au partage a augmenté de 3. Donc il y avait 15/3 = 5 enfants participant au partage et 6 enfants en tout. Nombre de pommes = 15 × 5 = 75.

Ma note : /10
4. Visualiser les angles *(2,5 points par bonne réponse ; 2,5 points de plus si vous réalisez les calculs à la main)*
1) La bissectrice est située dans l'angle le plus grand, soit dans l'angle de 3/5 de droit. 2) Angles formés par la bissectrice (1/3 dr + 3/5 dr)/2 = 7/15 de droit. 3) Angle formé par la bissectrice et le côté commun = 3/5 − 7/15 = (9 − 7)/15 = 2/15 de droit.

SOLUTIONS

5. Poursuite infernale *(4 points pour le raisonnement ; 1 point pour le calcul à la main)*
Heure de rencontre = heure de départ de l'automobile + nombre d'heures nécessaires à l'automobile pour atteindre le cycliste. Temps nécessaire pour rattraper = avance du cycliste/différence des vitesses (voir schéma). Quand l'automobile part, le cycliste roule depuis 1 h 1/2 et a déjà parcouru 20 km/h × 3/2 = 30 km. Différence des vitesses = 40 km − 20 km = 20 km. L'automobile atteindra le cycliste au bout de (1 h × 30)/20 = 1 h 1/2. Heure de la rencontre = 6 h 1/2 + 1 h 1/2 = 8 h.

PRÉPARATION N°17 – FRANÇAIS-ARITHMÉTIQUE

1. Dictée *(comptez 1 point par bonne réponse ; et -1 si vous avez désigné une faute qui n'existe pas)*
couch**er**, **O**rient, précéd**er**, nu**es** (ne comptez qu'une fois cette faute), cou**ronn**ées (comptez deux fautes), dia**ph**anes, ban**cs**, **oua**te, mo**ll**esse.

2. Questions *(1 point par bonne réponse)*
1) La lune. 2) Du côté opposé à celui où le soleil s'est couché. 3) C'est un vent doux et parfumé. 4) Se montra, se déroulaient, se dispersaient. 5) Vous crûtes.

3. Le prix du gâteau *(4 points pour le raisonnement ; 1 point pour le calcul à la main)*
Prix des œufs = (7,80 f × 5) / 12 = 3,25 f ; prix du sucre = 4,50 f × 0,11 = 0,495 f ; prix de la farine = (1,20 f × 150) / 500 = 0,36 f ; prix du beurre = 20,40 f × 0,075 = 1,53 f ; prix du gâteau = 3,25 + 0,495 f + 0,36 f + 1,53 f + 0,75 f = 6,385 f.

4. La grande lessive *(5 points pour le raisonnement ; 5 points pour le calcul à la main)*
Somme annuelle demandée par la blanchisseuse = 15 f × 52 = 780 f ; dépense pour une journée de lessivage = 10 f + 7 f × 1,5 + 0,75 f + 0,50 + 2,75 f = 24,50 f ; dépense annuelle = 24,50 f × 2 × 12 = 588 f ; économie annuelle = 780 f − 588 f = 192 f.

5. Fractions à ranger *(1 point par bonne réponse, 0 si vous utilisez une calculatrice)*
1) 1/5 < 2/9 < 1/2 < 11/15 ; 2) 1/3 < 1/2 < 5/9 < 3/5 ; 3) 10/11 > 3/4 > 2/9 ; 4) 7/12 > 27/60 > 121/300 ; 5) 15/19 > 9/13 > 12/18

PRÉPARATION N°18 – FRANÇAIS-ARITHMÉTIQUE

1. Dictée à ponctuer *(comptez 1 point par bonne réponse)*
La mère se lève sur ses ailes, le petit regarde attentivement et se soulève un peu aussi. Puis, vous voyez voleter ; il regarde (...) quelque gibier tentant : elle lui promet une récompense, elle essaye de l'attirer (...) leçon de vol, a peine à enhardir son fils, à s'enhardir peut-être elle-même (...) Tous deux, j'en suis sûr, du regard plus d'une fois mesurent (...)

2. Maximes *(1 point par bonne réponse)*
1) Prendre le chemin des écoliers ; 2) Il faut rendre à César ce qui appartient à César ; 3) Tomber de Charybde en Scylla ; 4) C'est saint Roch et son chien ; 5) Le diable bat sa femme et marie sa fille.

3. Règle de trois salée *(4 points pour le raisonnement ; 1 point pour le calcul à la main)*
Pour 32 kg de sel, il faut 1 000 kg d'eau de mer. Pour 50 kg de sel, il faut x kilos d'eau de mer. Les masses d'eau et de sel sont directement proportionnelles. x = 1 000 × (50/32) = 1 562,5 kg. Volume de l'eau de mer 1 562,5 / 1,025 = 1 524,39 litres = 1,524 m^3 par défaut.

4. Le grand capital *(4 points pour le raisonnement ; 1 point pour le calcul à la main)*
100 f placés à 5 % pendant 3 mois rapportent 5 f/4 = 1,25 f et deviennent 101,25 f. Capital cherché = (100 × 25 515) / 101,25 = 25 200 f.

5. À l'eau, à l'huile *(7 points pour le raisonnement ; 3 points pour le calcul à la main)*
Masse cherchée = masse du vase + masse de l'eau. Masse de l'eau = 1 kg × nb. de litres. Contenance du vase = masse de l'huile / masse spécifique (densité). Masse de l'huile = 21,4 kg − 3,4 kg = 18 kg. Contenance du vase = (1 l × 18) / 0,9 = 20 l. Nombre de litres d'eau = (20 l × 3)/4 = 15 l. Masse de l'eau = 1 kg × 15 = 15 kg.

PRÉPARATION N°19 – FRANÇAIS-ARITHMÉTIQUE

1. Dictée *(comptez 1 point par bonne réponse ; et -1 si vous avez désigné une faute qui n'existe pas)*
sa**cc**agé, ravi**n**é, grêl**e**, **s**es tiges, perdu**e**, humid**e**, vêt**u**, vrai**e**, résign**é**, **s**'était dit.

2. Féminin ou masculin *(1 point par bonne réponse)*
1) mânes plaintifs ; 2) un arcane ; 3) L'orbite décrite ; 4) un grand esclandre ; 5) érésipèles flegmoneux

SOLUTIONS

Ma note : /5
3. L'escompte *(4 points pour le raisonnement ; 1 point pour le calcul à la main)*
Pour 360 jours, l'escompte serait de (6,40 f × 360)/45 = 51,20 f. Valeur nominale du billet = (100 f × 51,20)/5 = 1 024 f. Somme versée = 1 024 – 6,40 f = 1 017,60 f.

Ma note : /5
4. Les arbres du boulevard *(4 points pour le raisonnement ; 1 point pour le calcul à la main)*
De chaque côté, il y a 264/2 = 132 arbres et, par suite, 131 intervalles. Longueur du boulevard = 10 m × 131 + 7 m × 2 = 1 324 m.

Ma note : /10
5. Le grand bassin *(5 points pour le raisonnement ; 5 points pour le calcul à la main)*
Surface latérale = 1 m² × (2,25 m + 1,40 m) × 2 × 1,30 = 9,49 m². Surface de la base = 1 m² × 2,25 × 1,4 = 3,15 m². Surface totale = 9,49 m² + 3,15 m² = 12,64 m². Dépense = 23 f × 12,64 = 290,72 f.

TOTAL /35

PRÉPARATION N°20 – CULTURE GÉNÉRALE

Ma note : /10
1. Vie politique *(2 points par bonne réponse)*
A : 5 ; B : 2 ; C : 3 ; D : 4 ; E : 1

Ma note : /5
2. Histoire *(1 point par bonne réponse)*
1) Napoléon Bonaparte ; 2) Le pont d'Arcole ; 3) La première campagne d'Italie ; 4) L'armée autrichienne ; 5) 1796.

Ma note : /4
3. Sciences *(2 points par bonne réponse)*
1) L'air froid du dehors pénètre dans la salle par le bas de la porte ; l'air chaud s'échappe par le haut.
2) On emprisonne de l'air. L'air est un mauvais conducteur de chaleur, il permet d'isoler une pièce.

Ma note : /4
4. Chant *(1 point par bonne réponse)*
Patrie ; vengeurs ; chérie ; défenseurs ; drapeaux ; mâles ; expirants ; gloire

Ma note : /2
5. Enseignement agricole *(2 points par bonne réponse)*
La magnanerie.

Ma note : /2
6. Enseignement ménager *(2 points par bonne réponse)*
L'azurage.

TOTAL /25

PRÉPARATION N°21 – FRANÇAIS-ARITHMÉTIQUE

Ma note : /10
1. Dictée *(comptez 1 point par bonne réponse ; et -1 si vous avez désigné une faute qui n'existe pas)*
assoi**s**, voi**s**, p**â**turent, fauch**er**, m**û**rir (comptez 1 faute), bourdo**nn**er, tr**è**fle, J'entend**s**, gliss**er**, ennui**e**.

Ma note : /5
2. Expressions *(1 point par bonne réponse)*
Il est gras comme un cent de clous ; Il est heureux comme le poisson sur la paille ; Nager comme un chien de plomb ; Avoir faim comme la rivière a soif ; Tu t'y entends comme à ramer des choux.

Ma note : /5
3. Coups de pompe *(4 points pour le raisonnement ; 1 point pour le calcul à la main)*
Les 3/5 du bassin contiennent (20 hl × 45)/60 = 15 hl. Contenance du bassin = (15 hl × 5)/3 = 25 hl.

Ma note : /5
4. La droite segmentée *(4 points pour le raisonnement ; 1 point pour le calcul à la main)*
On a AC = 2CB, et par suite AB = 3CB. CB = 24 cm/3 = 8 cm et AC = 8 cm × 2 = 16 cm.

Ma note : /10
5. C'est dans la boîte *(2,5 points par bonne réponse ; 2,5 points de plus si vous réalisez les calculs à la main)*
1) Surface des bases = 1 dm² × 1,3 × 0,6 × 2 = 1,56 dm² ; surface latérale = 1 dm² (1,3 + 0,6) × 2 × 0,7 = 2,66 dm² ; surface de papier rouge = 1,56 dm² + 2,66 dm² = 4,22 dm². 2) Longueur du papier vert = 1 m (0,13 + 0,06 + 0,07) × 4 = 1,04 m. 3) Volume = 1 dm³ × 1,3 × 0,6 × 0,7 = 0,546 dm³.

TOTAL /35

PRÉPARATION N°22 – FRANÇAIS-ARITHMÉTIQUE

Ma note : /10
1. Dictée mélangée *(comptez 1 point par bonne réponse)*
monotone, chanson, hameçons, aiguisant, relevèrent, luisant, incessant, éventrait, saumure, ruisselante.

Ma note : /5
2. Pluriel des noms composés *(1 point par bonne réponse)*
1) bas-reliefs ; 2) œils-de-bœuf ; 3) coq-à-l'âne ; 4) chats-huants ; 5) ouï-dire.

Ma note : /5
3. Sur du velours *(4 points pour le raisonnement ; 1 point pour le calcul à la main)*
Prix d'un mètre de drap = 532,50 f/14,2 = 37,50 f ; prix d'un mètre de velours = (37,5 f × 7)/3 = 87,50 f ; nombre de mètres achetés = 350/87,50 = 4.

Ma note : /5
4. Par ici la monnaie *(- 2 points par réponse fausse)*
1) 14 ; 2) 7 ; 3) 17.

SOLUTIONS

Ma note : /10

5. Les terrassiers *(5 points pour le raisonnement ; 5 points pour le calcul à la main)*
La 1re équipe aura fait 30 m × 160 = 4 800 m ; la 2e aura fait 24 m × 160 = 3 840 m ; elles seront à une distance de 34,750 km – (4,800 km + 3,840 km) = 25,110 km ; ensemble, elles font par jour 30 m + 24 m = 54 m. Nombre de jours cherché = 25 110/54 = 465 j.

TOTAL /35

PRÉPARATION N°23 – FRANÇAIS-ARITHMÉTIQUE

Ma note : /10

1. Dictée *(comptez 1 point par bonne réponse ; et -1 si vous avez désigné une faute qui n'existe pas)*
agreste, éprouvé, donné, plantés, celui-là, passer, enceinte, envahies, œillets, ratissé.

Ma note : /5

2. Les contraires *(1 point par bonne réponse)*
détroit : isthme ; absolu : constitutionnel ; subséquent : antécédent ; scandaleux : édifiant ; péroraison : exorde.

Ma note : /10

3. Le triangle de foin *(5 points pour le raisonnement ; 5 points pour le calcul à la main)*
Surface du pré = 1m² × (264 × 185)/2 = 24 420 m² ou 2,4420 ha. Masse du foin récolté = 5 200 kg × 2,442 = 12 698,4 kg ou 126,984 q. Valeur = 75 f × 126,984 = 9 523,80 f.

Ma note : /5

4. J'arrive à l'heure *(4 points pour le raisonnement ; 1 point pour le calcul à la main)*
Distance parcourue par minute = 0,7 m × 120 = 84 m. Temps nécessaire = 6 300/84 = 75 min Heure de départ = 11 h 27 min – 10 min – 75 min = 10 h 2 min.

Ma note : /5

5. ça balance *(1 point par bonne réponse)*
On mettra la première masse sur le plateau opposé à celui du corps, et la deuxième du côté du corps
1) 4,5 kg = 5 kg – 500 g ; 2) 1,950 kg = 2 kg – 50 g ; 3) 980 g = 1 kg – 20 g ; 4) 490 g = 500 g – 10 g
5) 19,8 kg = 20 kg – 200 g

TOTAL /35

PRÉPARATION N°24 – FRANÇAIS-ARITHMÉTIQUE

Ma note : /10

1. Dictée *(comptez 1 point par bonne réponse ; et -1 si vous avez désigné une faute qui n'existe pas)*
couleur, mèches, toile, trottoirs, faïences, miroitaient, quinquets, gaufres, enfarinés (ici paillasse désigne un bateleur forain, nom masculin !), coups de pied.

Ma note : /5

2. Vocabulaire *(1 point par bonne réponse)*
1) fléau ; 2) enchifrènement ; 3) chiquenaude ; 4) maladrerie ; 5) spleen.

Ma note : /5

3. Le mauvais mètre *(4 point pour le raisonnement ; 1 point pour le calcul à la main)*
Longueur réelle = 1,002 × 23,45 = 23,496 à 0,001 près par défaut.

Ma note : /7

4. Bons de la Défense nationale *(5 points pour le raisonnement ; 2 points pour le calcul à la main)*
Chaque bon coûte 100 f – (100 f × 6)/100 = 94 f ; somme versée = 94 f – 20 = 1 880 f. Taux réel = (6 f × 100)/94 = 6,38 %, par défaut.

Ma note : /8

5. Compter les moutons *(6 points pour le raisonnement ; 2 points pour le calcul à la main)*
Si les moutons avaient été vendus 112 f, le fermier aurait reçu 112 f × 26 = 2 912 f. Il a reçu en plus 3 192 – 2 912 = 280 f. Si l'on remplace un mouton vendu 122 f par un autre vendu 140 f, la recette augmente de 140 f – 122 f = 28 f. Nombre de moutons vendus 140 f = 280/28 = 10. Nombre de moutons vendus 112 f = 26 – 10 = 16.

TOTAL /35

PRÉPARATION N°25 – CULTURE GÉNÉRALE

Ma note : /10

1. Histoire *(2 points par bonne réponse)*
1) Le baptême de Clovis ; 2) saint Remi ; 3) le jour de Noël ; 4) Reims ; 5) Ils doivent suivre l'exemple de leur chef et être baptisés à leur tour.

Ma note : /5

2. Géographie *(1 point par bonne réponse)*
1) plateau de Langres ; 2) mont Gerbier-de-Jonc ; 3) val d'Aran (Espagne) ; 4) le Havre et Honfleur
5) Saint-Nazaire et Paimbœuf.

Ma note : /14

3. Enseignement agricole *(2 points par bonne réponse)*
A : 3 ; B : 2 ; C : 4 ; D : 6 ; E : 5 ; F : 7 ; G : 1

Ma note : /14

4. Enseignement ménager *(2 points par bonne réponse)*
A : 5 ; B : 3 ; C : 6 ; D : 7 ; E : 1 ; F : 2 ; G : 4

TOTAL /29

Imprimé en Espagne par Macrolibros
Dépôt légal : mars 2013 – 310877/05
N° de projet : 11025762 - août 2013